Gesundheit 78

Krankheitsanzeichen	79
Infektionskrankheiten und Schutzimpfungen	80
Ektoparasiten	84
Endoparasiten	86
Erkrankungen des Verdauungsapparates	88
Herz-Kreislauf-Erkrankungen	89
Cerebrale Anfallskrankheiten	90
Augenerkrankungen	90
Ohrenerkrankungen	91
Hauterkrankungen	91
Krankheiten des Bewegungsapparates	91
Dermoid Sinus	93
Fit durchs Leben	94
Kastration	95
Ridgebacks im Alter	96

Zucht 97

FCI-Standard	98
Im Archiv gestöbert	100
Der Ridge – sein Markenzeichen	102
Vererbung von Ridge und Dermoid Sinus	103
Start in die Ausstellungskarriere	109
Das große Ausstellungs-ABC	113
Der Entschluss zur eigenen Zucht	115
Die Zuchtzulassungsprüfung	117
Auswahl des richtigen Zuchtpartners	125
Die Zuchtstätte	129
Läufigkeit, Trächtigkeit und Geburt	131
Checkliste für Züchter	142
Die Entwicklungsstufen des Hundes	144
Ein humorvoller Blick auf die Ridgeback-Welt	148

Service 149

Zum Weiterlesen	150
Nützliche Adressen	151
Register	152

Mein Leben mit Rhodesian Ridgebacks

Ich war immer schon für das Landleben zu haben. So verbrachte ich als Kind die meiste Zeit damit, auf dem kleinen Bauernhof meiner Großeltern herumzustreunen und meine Aufmerksamkeit den Tieren zu widmen. Geduldig saß ich mit einigen Futterkörnchen in der Hand bei den Hühnern, bis eines allen Mut zusammennahm, um aus meiner Hand zu picken. Stolz konnte ich davon meinen Großeltern und Eltern berichten. Vorsichtig musste ich mit den kleinen Kaninchen umgehen, damit ich ihnen nicht wehtat. Im Umgang mit den Tieren, die alle unterschiedliche Bedürfnisse hatten, lernte ich es, Geduld zu üben, Verantwortung zu übernehmen und je nach Erfordernis vorsichtig und sanft oder durchsetzungsfähig zu sein.

Irgendwann sollte ich diese Eigenschaften alle benötigen... In das kleine Dorf, in dem ich jede freie Minute verbrachte, zog Carl-Ludwig von Geibler mit seiner Familie. Mit ihm nicht nur Frau und Kind, sondern auch zwei große gelbbraune respekteinflößende Hunde. Mein Großvater machte oft lange Spaziergänge mit den Hunden und so oft ich konnte, begleitete ich ihn. Schnell fassten die Hunde auch zu mir Vertrauen und ich durfte mich zu jeder Zeit uneingeschränkt auf dem Geibler'schen Hof bewegen. Bald holte ich mir ganz allein die Hunde zum Spazierengehen ab und wanderte mit ihnen durch die Felder und Wiesen der Umgebung. Wenn niemand zu Hause war, der mir die Hunde übergeben konnte, stellte ich mich an die Rückseite des Grundstückes und rief oder pfiff nach ihnen. Mit einem Satz sprangen dann zwei oder drei Ridgeback-Hündinnen über den ca. 1,80 m hohen Zaun, so dass wir zusammen losziehen konnten. Dies war Ende der 60er Jahre und ich war kaum älter als zehn. Noch heute erstaunt mich das große Vertrauen, das Carl-Ludwig von Geibler in mich und vor allem in seine Hunde hatte. Wie ein roter Faden ziehen sich Rhodesian Ridgebacks seitdem als Konstante durch mein Leben.

Petra Stracke Ende der 70er Jahre mit drei Stammhündinnen „aus dem Skaaprevier" (v.l. Diana, Ix und Hexe).

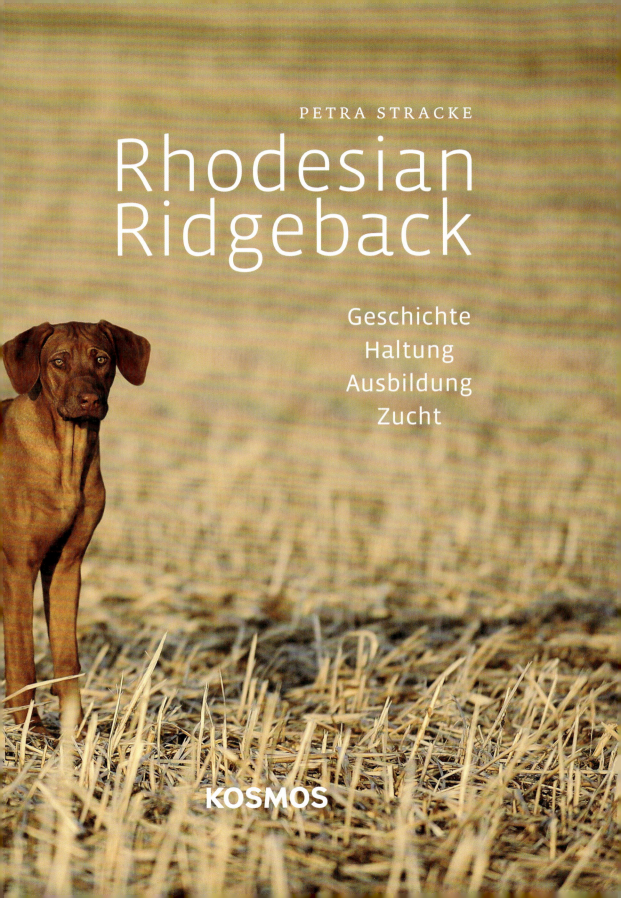

PETRA STRACKE

Rhodesian Ridgeback

Geschichte
Haltung
Ausbildung
Zucht

KOSMOS

Inhalt

Mein Leben mit Rhodesian Ridgebacks ... 4

Geschichte und Wesen ... 6

Ursprung der Rasse ... 7
Zuchtgeschichte in Deutschland ... 14
Die verschiedenen Ridgeback-Typen ... 20
Der sechste Sinn ... 25
Rituale oder Ridgebacks sind auch nur „Gewohnheitsmenschen" ... 26
Der Ridgeback – ein idealer Familienhund? ... 28

Haltung und Pflege ... 30

Anforderungen an den Ridgeback-Besitzer ... 31
Die Wahl des Züchters ... 32
Die Qual der Wahl – der passende Welpe ... 34
Rüde oder Hündin? ... 36
Wie teuer ist die Hundehaltung? ... 37
Der große Tag ... 38
Die ersten Tage im neuen Zuhause ... 40
Gesunde Ernährung ... 45
Richtige Pflege ... 49
Hunde sind Rudeltiere ... 52
Der Trend zum Zweit-Ridgeback ... 54
Rudelstrukturen ... 56

Ausbildung ... 62

Geduld und Konsequenz ... 63
Basis-Erziehung (Sitz, Platz, Fuß) ... 64
Lob und Tadel ... 68
Unerwünschtes Jagdverhalten ... 70
Beschäftigungsmöglichkeiten ... 72

Mein erster eigener Ridgeback

Das Größte war natürlich, wenn Welpen auf dem Hof waren. Ich half mit, wo ich konnte: füttern, Welpentests durchführen, Wurfabnahmen vorbereiten. Immer war ich ganz Ohr, was mir die Erwachsenen zu sagen hatten und lernte schnell, wie man mit den kleinen und großen Ridgebacks umgehen musste. Neben all dem Praktischen durfte ich Herrn von Geibler zu diversen Ridgeback-Veranstaltungen begleiten. Ich war bei Vorstandssitzungen, Zwingerbesichtigungen, Körungen, Ausstellungen mit dabei – manchmal still im Hintergrund, manchmal tatkräftig: Ich schleppte Informationsmaterial, half Infostände mit aufbauen, passte auf die Hunde auf. Zu tun gab es immer etwas.

Mit Spaß bei der „Arbeit" – Wurfabnahme im Kennel „Ye Japha".

1972 hatte ich meine Eltern so weit bearbeitet, dass sie zustimmten und ich endlich meinen ersten eigenen Ridgeback bekommen sollte. Also zog Penny (Gerda aus dem Skaaprevier) bei uns ein. In den Jahren danach folgten Ix aus dem Skaaprevier, Makaranga Dusty, Balou of Dao Phu Quoc, Makaranga Hurricane, Flair, Missie of Ginba's Hero und Fräulein Smilla. Mit meinen Hündinnen Dusty, Balou und Missie zog ich seit 1987 sieben Würfe mit insgesamt 61 Welpen groß.

Ein Leben für den afrikanischen Jäger

Schon sehr früh engagierte ich mich in der Vereinsarbeit und hatte im Laufe der Jahre verschiedene Ämter inne: Schriftführung, Geschäftsstelle, Redaktion, Obfrau für das Ausstellungswesen und Zuchtwartin. 1999 bestand ich meine Prüfung als Spezialzuchtrichterin für die Rasse Rhodesian Ridgeback, 2005 legte ich erfolgreich weitere Prüfungen für die Rassen Otterhound und Bassethound ab, die ebenfalls zur FCI-Gruppe 6 gehören. Ich initiierte Ridgeback-Ausbildungskurse, organisierte Spaziergänge und Infostände auf Messen und Ausstellungen, hielt Vorträge und nahm an Podiumsdiskussionen teil. Nebenher bildete ich mich kynologisch weiter, so dass ich u. a. 2001 erfolgreich mein Fernstudium „Tierpsychologie" abschließen konnte. Noch heute bin ich regelmäßig als Zuchtwartin und Richterin im Einsatz, mache Zwingerbesichtigungen, nehme Würfe ab und bewerte die Hunde auf Ausstellungen und Körungen.

Nun habe ich mich entschlossen, einen Teil dessen, was sich in den vielen Jahren in meinem Kopf, meinem Herzen und meinen Bücherregalen angesammelt hat, niederzuschreiben – zum Wohle der Hunde, zum besseren Verständnis der geliebten Ridgebacks und als Anregung und Hilfestellung für Ridgebackliebhaber und solche, die es werden wollen.

Ihre Petra Strache

Geschichte und Wesen

Ursprung der Rasse

Der Hund zeigt wie keine andere Tierart eine große Variabilität hinsichtlich seiner Größe, Form, Farbe, Charaktereigenschaften und ist seit Menschengedenken das beliebteste Haustier schlechthin, was vermutlich an seiner enormen Anpassungsfähigkeit und seiner Sozialverträglichkeit liegt. In der heutigen Zeit sind ca. 400 Rassen weltweit bekannt. Seit Anfang des 20. Jahrhunderts gehört auch der Rhodesian Ridgeback dazu, nachdem 1924 sein Standard anerkannt wurde. Über die Herkunft des Ridgebacks wurde viel spekuliert und geschrieben. Es gibt allerdings nur wenig beweisführendes Material, das die eine oder andere These unterstützt. Insofern kann wohl das Rätsel um seinen wirklichen Ursprung nie ganz gelöst werden. Belegt werden kann die Entwicklung des Ridgebacks erst mit Beginn der Reinzucht am Anfang des 20. Jahrhunderts, als sich in Südafrika und Rhodesien einige Züchter bemühten, aus den unterschiedlichen Ridgehunden eine Rasse zu formen – ein Prozess, der bis heute andauert.

Der Einfluss des Basenjis

Ich habe natürlich aus Interesse über die Rasse sehr viel über deren Herkunft gelesen, fand das Material jedoch oftmals verwirrend und ziemlich widersprüchlich. Aus diesem Grund habe ich eine sehr gute Freundin aus Österreich, Frau Phyllis Poduschka-Aigner, gebeten, mir bei dem Thema über die Geschichte des Ridgebacks behilflich zu sein. Mit Phyllis und ihrem verstorbenen Mann Prof. Dr. Walter Poduschka – Dozent an der Universität Wien (zoologisches und psychologisches Institut) – habe ich schon vor vielen Jahren lange abendfüllende Gespräche über den Ridgeback geführt. Beide haben Ridgebacks im Ursprungsland „live" erlebt und haben beim Aufbau der Rasse in Europa mitgeholfen; ihr wissenschaftliches Interesse galt immer den so genannten Primitivhunden und deren besonderem Verhalten. Dr. Walter Poduschka war Zuchtrichter und liebte Hunde über alles. Frau Poduschka-Aigner ist heute auf dem Weg zur Allgemeinrichterin. Sie beobachtet seit Jahren an ihrem Rudel Basenjis die Besonderheiten der halbdomestizierten Primitivhunde und war nebenbei eine sehr erfolgreiche Züchterin dieser Rasse. Basenjis fallen in erster Linie durch ihr katzenhaftes Verhalten auf – d.h. sie putzen sich wie Katzen und sind Fremden gegenüber zurückhaltend – und weisen das typische „Jodeln" auf, das sie anstelle von Bellen zeigen. Obwohl der Ridgeback durch die Vermischung mit europäischen Hunden in der Entwicklung eine Stufe höher steht, sind viele Eigenheiten der Basenjis in abgeschwächter Form auch bei ihm zu erkennen. Dazu gehört unter anderem der Hang zum selbstständigen Handeln, ein großes Repertoire an Ausdrucksverhalten und die Fähigkeit, sehr fein zu kommunizieren.

Basenji und Ridgeback verbindet eine Seelenverwandtschaft.

HACKBAUGÜRTEL

Mit Hackbaugürtel werden die tropischen Teile von Afrika, Indien, die maleiischen Inseln und Teile Süd- und Mittelamerikas bezeichnet. Das wichtigste Bodenbearbeitungsgerät ist der Grabstock. Huhn, Hund und Ziege sind die typischen Haustiere.

Ansiedlung in Afrika

Da es in Afrika nie Wölfe gab, mussten die Hunde nach Afrika gebracht worden sein. Dies geschah vermutlich 9.000 v. Chr. durch wandernde Viehzüchter aus dem Vorderen Orient über zwei Wanderbewegungen (die des Ridgebacks kam vermutlich über Namibia). Die Hunde Schwarzafrikas – wie auch die des tropischen Hackbaugürtels rund um die Welt – waren und sind Primitivhunde je nach Lebensraum kleiner und basenjiartig oder größer und windhundartig.

Ursprünglich war das Kapland von gelben Paläoafrikanern besiedelt. Hottentotten (vom holländischen hotentots = Stotterer) sowie Buschmänner sind von der Wissenschaft erfundene Sammelnamen. Sie kamen spät (erst nach dem 8. Jahrhundert) vermutlich aus Ostafrika und waren Viehzüchter und/oder Jäger.

Südafrika wurde von den Portugiesen entdeckt. Da diese Seefahrer aber lediglich an Stützpunkten entlang der Küste interessiert waren, besiedelten zur Zeit der Annexion Portugals durch England (1580 bis 1640) niederländische Buren (boer = Bauer) das Hinterland. Als die Niederlande während der napoleonischen Kriege zu einer französischen Dépendance wurden, nahmen die Engländer kurzerhand Südafrika in Besitz. Viele Buren zogen nun nordwärts und stießen auf die Bantu, die von Norden her vorgedrungen waren.

Es folgte eine unruhige Zeit, während der man kaum Informationen über Hunde findet, denn die Menschen hatten andere Sorgen und die damaligen Afrikaforscher wie z. B. David Livingstone (schottischer Missionar) oder Dr. Emil Holub (österreichischer Forscher) waren an anderem mehr interessiert.

ZEITGESCHICHTE

1836–44	Großer Treck der Buren nordwärts
1842	Gründung des Oranje-Freistaates
1853	Gründung von Transvaal
1880/81	Burenaufstand
1893	Dauernder Aufruhr der Matabele, Mashona, Zulu und Hottentotten in dem Gebiet, das 1894 Rhodesien wird
1899/1902	Burenkrieg
1904	Aufstand der Hottentotten (Nama) im deutschen Schutzgebiet Südwestafrika, acht Monate nach dem Aufstand der Herero (von ca. 80.000 Herero überlebten ca. 15.000)
1905/1906	Maji-Maji-Aufstand in Deutsch-Ostafrika

Hottentotten auf der Jagd – vorn im Bild ein Ridge tragender Hund (aus: Livingstone: „Missionary Travels in South Africa", 1857).

Die Vorfahren des Rhodesian Ridgebacks

Die geografische Herkunft des Rhodesian Ridgebacks ist ziemlich unbekannt, da sich in vielen Gebieten Südafrikas damals kein Missionar lange genug seines Lebens erfreuen konnte, um Hunde für die Großwildjagd zu züchten. Da es also nichts Sicheres darüber zu sagen gibt, konnte jeder Freund der Rasse seine eigenen Ideen über die Geschichte zu Papier bringen.

Ein ridgeähnlicher, jedoch wesentlich breiterer, scharf abgesetzter und deutlich andersfarbiger Fellstreifen ist bei Caniden häufig zu sehen (Rückenfellschabracke); es gab bei Eingeborenenhunden weitaus häufiger basenjiartige Hunde mit Ridge (natürlich nicht in der jetzigen „durchgezüchteten" Form!), als die Anhänger des Ridgeback heute zugeben wollen. Es war vermutlich „irgendein" Hund, der zufällig durch gewisse Genkombinationen einen Haarstrich auf dem Rücken hatte (biologisch außerdem ohne Funktion).

Der Rhodesian Ridgeback hat von Afrika aus seine Reise in viele Teile der Welt angetreten und erfreute sich auch fern seines Ursprungslandes bald großer Beliebtheit. Die Tatsache, dass viele Rassen und auch Mischlinge in ihm vereint sind, hat dafür gesorgt, dass der heutige Ridgeback eine große Anpassungsfähigkeit und Vielseitigkeit besitzt, was durchaus als Qualitätsmerkmal angesehen werden kann. Genauso vielseitig wie seine Verwendung sein kann, ist auch heute noch sein äußeres Erscheinungsbild. Er lässt sich nicht in ein Schema pressen und zeigt seinen Menschen manchmal Grenzen auf.

Cornelius van Rooyen mit einem seiner „Löwenhunde".

Der heutige Ridgeback ist sicher keine alte, ursprüngliche Hunderasse, sondern ein Konglomerat von großteils unkontrollierten Verpaarungen verschiedenster Hunde, die später nicht auf ihr äußeres Erscheinungsbild hin, sondern allein auf ihren Gebrauchswert selektiert wurden. Aufgrund einiger typischer Verhaltensweisen ist aber anzunehmen, dass er seine für die Großwildjäger und Farmer des südlichen Afrika brauchbaren Eigenschaften wie Vorsicht und Reaktionsschnelligkeit von Ahnen aus dem Reservoir der autochthonen (= eingeborenen) Hunde bezog. Ein Beweis dafür: Manche Wesenseigenschaften finden sich beim Basenji, dem noch kaum „verzüchteten" Afrikaner. Die Hunde wurden häufig isoliert auf Farmen gehalten, wodurch Inzucht unvermeidlich war und sich in der Festigung des Ridges manifestieren konnte. Im südlichen Afrika gibt es bis heute auch viele Rottweiler- und Dobermann-Mischlinge mit Ridge!

Überlieferungen aus damaliger Zeit

1875 brachte der Missionar Reverend Charles Helm zwei Ridgehunde von Swellendam in der südafrikanischen Kapprovinz ins Matabele-Land mit (heute ein Teil Simbabwes). Einige Jahre später kreuzte der Großwildjäger Cornelius van Rooyen Hunde, die er von Helm übernommen hatte, mit anderen Hunden und schuf so den „modernen" Rhodesian Ridgeback oder „Pronkrug" (Pronk = Ridge, rug = Rücken), wie ihn die Buren nannten. Seine Meute war als „Van Rooyen's lion dogs" weltweit berühmt und es war das Ziel vieler Züchter, einen Hund von ihm zu erwerben. Anzumerken ist, dass van Rooyen pro Jahr einen „Verschleiß" von etwa 70 Hunden hatte und vermutlich nicht gezielt auf Aussehen züchtete; wahrscheinlich waren die Hunde mit „Eingeborenenhund"-Anteil einfach deshalb erfolgreicher im Überleben, weil sie vorsichtiger sowohl beim Stellen von Großkatzen als auch im Umgang mit den Menschen waren.

„Die Schwierigkeit bestand darin, dass ein Hund, der auf sich hielt, einfach nicht einsah, warum er sich vor einem Leoparden fürchten sollte. Leoparden waren kaum größer als er selbst und auf jeden Fall Katzentiere, vor denen ein Hund unmöglich Respekt haben konnte. Standen die Hunde einem Leoparden gegenüber, griffen sie ohne Zögern an. Leider verfügten aber Leoparden nicht nur über ein Gebiss, das schärfer war als ein Hundegebiss, und über genauso kräftige Kiefer, sondern dazu noch über vier Tatzen mit langen, scharfen Krallen. Hunde hatten gegen so schweres Geschütz keine Chancen. Deshalb war es zu Hause bei Francois üblich, die Ridgebacks nachts drin zu behalten. ... Hintzas Rasse war zu stolz, um der Klugheit Vorrang einzuräumen. Sie war auf den Menschen angewiesen und der Mensch auf sie, damit sie beide im Busch auf der Höhe waren. Wenn Ridgebacks von wilden Tieren herausgefordert wurden, selbst von Leoparden, war es für sie Ehrensache, ohne Zögern ranzugehen."
Aus: Wenn Stern auf Stern aus der Milchstraße fällt, von Laurens van der Post.

Die Anfänge einer gezielten Zucht

1902 wurde in Bulawayo ein „Lion Dog Club" gegründet.

Der Mann, der in der Entwicklung der Rasse eine entscheidende Rolle spielte, war Richard Francis Barnes, der erste Sekretär (= Obmann) des Salisbury Kennel Clubs. 1910 übersiedelte Mr. Barnes nach Bulawayo und erwarb 1915 seinen ersten Ridge-Hund Dingo. Auch andere Leute züchteten mittlerweile Ridgebacks und so wurde es Zeit, einen Standard aufzustellen. Darum gründete Mr. Barnes mit etwa 25 bis 30 Ridgeback-Besitzern in Bulawayo den „The Lion Dog Club", den Vorläufer des „Rhodesian Ridgeback Clubs", der seinen Sitz dann in Salisbury hatte. Er war der erste Sekretär und blieb viele Jahre dem Club noch als Ehrensekretär erhalten. Er starb 1962 im Alter von 87 Jahren.

Die Abfassung des Standards war das Werk der Herren C.H. Edwards, B.W. Durham und F.R. Barnes, wobei man sich an den Wortlaut des Dalmatinerstandards anlehnte (siehe S. 98).

Zu Beginn der 20er Jahre bewarb sich der Club bei der South African Kennel Union (später: Kennel Union of South Africa / K.U.S.A.) um Anerkennung dieses Standards, die im Jahre 1924 ausgesprochen wurde. Der Rhodesian Ridgeback wurde dabei als „Gun Dog for

Isabell Barnes mit Eskdale Jock, 1927 und Francis Barnes.

Eskdale Connie auf der Bulawayo Dog Show, 1925.

ERSTER RIDGEBACK-CHAMPION

Den ersten Champion dieser Rasse gab es 1928: Virginia of Avondale aus Mr. T. Keddie-Law's Avondale Kennels, die laut Bericht rauhaarig war.

Exhibition Purpose" (= Jagdhund für Ausstellungszwecke) und erst 25 Jahre später, 1949, als „Sporting Dog" (= Laufhund) bezeichnet.

Am 18.09.1924 wurden von Mr. L. Herring aus Grootdam in Südafrika die beiden ersten Ridgebacks als Lion Dogs im Zuchtbuch registriert: Grootdam Given and Grootdam Leo. Der erste aus Rhodesien stammende Hund war Umvukwe Shumba Ridge, am 27.11.1925 als Rhodesian Lion Dog eingetragen.

1953 waren bereits über 6.000 Rhodesian Ridgebacks registriert.

In den 70er Jahren wurden Ridgebacks in Afrika noch zur Jagd verwendet, manchmal zur großflächigen Meutenjagd auf alles jagdbare Wild, meist aber zur Arbeit nach dem Schuss (Schweißarbeit). Auch heute wird der Ridgeback erfolgreich für die Schweißarbeit ausgebildet. Auf Farmen traf man Ridgebacks als reine Gebrauchshunde. Dass die Hunde als Schutzhunde von der Polizei bzw. in Diamantenminen verwendet wurden, stimmt nicht. Dafür benutzt man auch dort die wesentlich einfacher zu führenden Deutschen Schäferhunde. Auch die Geschichte der Ridgebacks als Begleiter der Canadian Mountain Police ist in das Reich der Fabel zu verweisen.

Heute ist der Ridgeback wohl in erster Linie als „Show-Dog" und/oder Familienhund ohne wirkliche Aufgaben anzutreffen. Inwieweit seine wachsende Beliebtheit bzw. sein Status als Modehund in den letzten Jahren der Entwicklung der Rasse schadet, kann nur besorgt beobachtet werden.

Mapandora of Avondale mit ihrem Züchter T. Kedie-Law, ca. 1920.

Zuchtgeschichte in Deutschland

Zu den Pionieren der deutschen Ridgeback-Zucht gehörten Frau Rosy Brook-Risse mit ihrem Zwinger „Johokwe" und Herr Carl-Ludwig von Geibler mit seinem Zwinger „aus dem Skaaprevier".

Diese beiden haben in Deutschland Ridgeback-Geschichte geschrieben und waren gleichermaßen vom großen gelben „Löwenhund" begeistert.

Der Zwinger „Johokwe"

Rosy Brook-Risse mit ihrem Multi-CH. Makaranga Famous Chaka.

Frau Brook-Risse wanderte zusammen mit ihrem Mann 1949 nach Afrika, in das heutige Simbabwe aus, um sich dort eine neue Existenz aufzubauen. Der großen Tierliebhaberin fielen sofort die stattlichen, rotbraunen, harmonisch aufgebauten Hunde auf, die man in den Städten und auf den Farmen sehen konnte – die Rhodesian Ridgebacks. Zu ihrem ersten Geburtstag im fremden Land bekam Frau Brook-Risse einen Hund dieser Rasse geschenkt, der natürlich nur entfernt dem heutigen Erscheinungsbild unserer Ridgebacks entsprach. Leider wurde diese Ridgeback-Hündin kurze Zeit später krank und musste von ihren Leiden erlöst werden. Bald darauf erwarb Frau Brook-Risse eine weitere Hündin und später noch den Rüden Rhodus of Leo Kop (genannt Chaka), die sie beide 1954 mit zurück nach Deutschland nahm.

Die ersten Ridgebacks in Deutschland

Im Jahr 1955 stellte Frau Brook-Risse ihre beiden afrikanischen Exoten auf einer VDH-Bundessieger-Show aus, wo sie sehr bewundert wurden und ein großer Presserummel um die beiden „Löwenhunde" entstand, die jedoch alles mit stoischer Ruhe über sich ergehen ließen.

Tapsi aus dem Skaaprevier und ihre Tochter Asab, ca. 1965.

Chaka wurde leider im besten Alter von einem Jäger erschossen und der Traum, in Deutschland mit den beiden importierten Hunden eine Zucht aufzubauen, konnte vorerst nicht in Erfüllung gehen.

Einige Jahre später wollte es der Zufall, dass Frau Brook-Risse eine Ridgeback-Hündin angeboten wurde, die jemand aus Johannesburg mitgebracht hatte. Diese zierliche hübsche Hündin, Ariadne von Benzingerode, genannt Sally, wurde schon bald der Liebling der Familie. Nun kam bei Frau Brook-Risse wieder der Wunsch auf, zu züchten, aber wie sollte das ohne Rüden funktionieren? Wieder einmal kam der Zufall zu Hilfe. Frau Brook-Risse erfuhr von einem Rüden, der von einem Studenten aus Südafrika in Hannover zurückgelassen wurde. Dieser Rüde, Bandit of Sans Souci, deckte Sally und im Jahr 1967 wurden aus dieser Verpaarung sieben Rhodesian Ridgeback-Welpen geboren. Endlich konnte Frau Brook-Risse an ihre beiden ersten Würfe der 50er Jahre in Afrika anknüpfen und die Zucht wieder aufleben lassen.

Wieder ein „neuer" Hund

Nur zwei Tiere in Deutschland / Der Löwenhund „Rhodesia Ridgeback" mit dem Kammrücken

Von Alfred Englaender

Zur Zeit der ersten afrikanischen Großwildjagden durch Berufsjäger und Private fiel diesen ein Hund in Hottentottenkralen auf, der sich als Hetzhund auf Löwen sehr bewährte und auf dem Rücken einen eigentümlichen Haarkamm trug. Der Hund war zweifellos ein Mischmasch aus Gott weiß was für Rassen. Aber der Rückenkamm erhielt sich hartnäckig. Die Löwenhunde, die den Löwen stellten und verhielten bis der Jäger zum Schuss kam, und die sich als gute Wachhunde der Hottentottendörfer zeigten, waren nichts als Bastarde. Aber woher kam dieser hartnäckige Haarkamm, der sich bei keiner anderen Hunderasse der Welt feststellen lässt? Und woher stammt dieser Bastard, der doch irgendein gutes Blut aus einer reinrassigen Ahnenreihe in sich tragen musste? Nun das ist bis heute noch nicht geklärt. Der afrikanische Löwenhund, wie er in Südafrika genannt wurde, heißt heute „Rhodesia Ridgeback", von dem bis jetzt erst 1000 Stück registriert auf der Welt leben. In Deutschland stehen nur zwei Exemplare dieser „neuen" Hunde im Zwinger der Frau Brook in Solingen.

Die ausgezeichneten Eigenschaften des Bastards mit dem Quentchen reinen Blutes fielen einem Hundezüchter auf, der sich der Hunde annahm, die besten Stücke mit dem charakteristischen Kammrücken und mit ausgeprägtesten guten Tugenden aus Meuten heraussuchte und bald auf Rasse zu züchten. Das geschah 1926 in Südrhodesien in der Südafrikanischen Union und darum heißt der „neue" Hund „Rhodesia Ridgeback", Rhodesischer Kammrücken, wenn man Ridgeback in deutscher Sprache so übersetzen will.

Frau Brook ging im Jahre 1948 nach Südafrika, wo der passionierten Hundefreundin gleich die Ridgebacks auffielen. Sie hatte sie bisher noch nie gesehen. (...) Sie waren als sehr treue Wächter und gutmütige Haushunde in Farmen und Städten anzutreffen. Frau Brook nahm sich sofort eine Hündin, von der sie Junge zog. Einen jungen Rüden nahm sie 1954 mit nach Deutschland. (...)

Der Ridgeback kann wohl als „rückgezüchtete" Rasse bezeichnet werden, wie man auch Auerochsen, Wildpferde und die Hovawarths, die mittelalterlichen Hofhunde rückgezüchtet hat. Nur das man nicht weiß, wer auf der Ahnentafel dieses früheren Mischlings als Ursprungshund stand. Das wird in Afrika auch wohl kaum zu erforschen sein. (...)

Der Ridgeback wurde wie gesagt, erst 1926 zum heutigen Standardtyp gezüchtet. Es entstanden in Südrhodesien Zwinger, ihnen folgten Amerika und England Züchtungen, und nun also wird im nächsten Jahr zum erstenmal in Deutschland gezüchtet. Die aus Südrhodesien eingeführten zwei Stücke haben sich in Deutschland überraschend schnell akklimatisiert, wenn der Züchter auch vorsichtshalber das Lager der Hunde gegen Zugwind und Bodenkälte hochgelegt hat. Im Laufe der Jahre werden die Nachkömmlinge sich völlig eingelebt haben, wenn sie nicht verweichlicht werden. Als besonders schätzenswerte Eigenschaften schildert der Züchter an seinen Hunden ihre Ruhe im Hause und ihre unbedingte Anhänglichkeit an Frauen und Kindern. Zu Kindern seien sie geradezu rührend geduldig und freundlich.

So haben wir wieder einmal ein neues Geschöpf auf der Erde, bei dessen Geburt der Mensch dem Herrgott ins Handwerk gepfuscht hat. Aber der Herrgott wird diesen „Eingriff" in seine ureigene Domäne wohl lächelnd und wohlwollend begünstigt haben. Denn es ist ja etwas gutes geschaffen worden. Es sieht so aus, als ob der Ridgeback dem Hovawarth, dem rückgezüchteten Auerochsen und Wildpferd als extravagante „Konstruktion" aus dem Tierreich nach dem Willen des Menschen Konkurrenz machen werde, mit dem Unterschied zu den beiden letzten Tierarten, dass er wie der Hovawarth dem Menschen nützlich und ein guter Kamerad wird.

Quelle: aus dem Archiv „Unser Rassehund", Verbandzeitschrift des Verbandes für das Deutsche Hundewesen

Schwierigkeiten bei der Vermittlung der Welpen

Allerdings gestaltete es sich als äußerst schwierig, die Welpen zu verkaufen, nicht einmal geschenkt wollte man solch einen Hund bekommen. So blieben aus diesem ersten gefallenen Wurf zwei Welpen bei der Züchterin, der Rüde Johokwe Chaka und die Hündin Johokwe Cheekey. Der Rüde wurde zweimal zum Decken von Herrn von Geibler für seine Hündinnen benutzt und kann als Stammhund seiner Zuchtlinie „aus dem Skaaprevier" bezeichnet werden.

Im Herbst 1975 importierte Frau Brook-Risse zwei weitere Ridgebacks aus Afrika – den Rüden Shangaan und die Hündin Jill of Glendalough. Diese beiden Hunde wurden nur zweimal miteinander verpaart, da es sich immer noch als fast unmöglich gestalten sollte, für die Welpen geeignete Käufer zu finden.

Makaranga Famous Chaka

Im Jahre 1987 – als der Ridgeback in Deutschland schon viele Liebhaber gefunden hatte – erwarb Frau Brook-Risse den Rüden Makaranga Famous Chaka. Dieser ging auf die Zucht von Herrn von Geibler aus Lulu aus dem Skaaprevier zurück und war zu seiner Zeit ein absoluter Ausnahmehund. Fast gleichzeitig erwarb sie eine Hündin aus einer italienischen Zucht, Juba delle Cime Bianche. Diese beiden gaben ein schönes Zuchtpaar ab. Doch leider starb Juba während des ersten Wurfes, als die Welpen 3 $^3/_4$ Wochen alt waren. Chaka kümmerte sich rührend um die Kleinen und übernahm Mutterpflichten, so gut es ging. Dies war bereits der siebte Wurf im Hause Johokwe.

Chaka und seine Nachkommen waren äußerst erfolgreich auf nationalen und internationalen Ausstellungen und seine Verwandten findet man heute außer in Deutschland noch in den Niederlanden, Israel, Italien, Schweden usw.

Die „Grande Dame" der Ridgeback-Szene verstarb im November 2009 im Alter von 93 Jahren und hinterlässt in der Ridgebackwelt eine große Lücke.

Makaranga Famous Chaka – ein absoluter Ausnahmehund seiner Zeit.

Der Zwinger „aus dem Skaaprevier"

Auch Carl-Ludwig von Geibler lernte die Rhodesian Ridgebacks bei seinem Aufenthalt in Afrika kennen und lieben. Er war dort von Dezember 1958 bis September 1961 als Farmverwalter tätig. 1962 kehrte er nach Deutschland in die Nähe von Hildesheim zurück und brachte aus Namibia die einjährige Ridgeback-Hündin Tapsi mit, verbunden mit dem Gedanken, mit Tapsi in Deutschland einmal Ridgeback-Nachwuchs züchten zu können. Doch es gab zunächst keinen männlichen Partner für Tapsi! Auch Herr von Geibler erfuhr von dem Rüden Bandit of Sans Souci in Hannover, der von dem afrikanischen Studenten zurückgelassen wurde, und so nahm der Traum

Carl-Ludwig von Geibler mit seinen beiden ersten Ridgeback-Hündinnen (Asab und Tapsi).

vom Züchten Formen an. 1964 wurde der erste Wurf von Tapsi in das Deutsche Sammelzuchtbuch des VDH eingetragen. 1970 hatte Herr von Geibler unter dem Zwingernamen „aus dem Skaaprevier" bereits fünf Würfe gezüchtet und musste mit den gleichen Schwierigkeiten kämpfen wie auch Frau Brook-Risse: Der Absatz der Welpen gestaltete sich sehr schwierig. Der Rhodesian Ridgeback war so gut wie nicht bekannt – es gab zu diesem Zeitpunkt keine Ridgeback-Kultur in Deutschland und die Zucht war wegen des fehlenden Rüdenangebotes im Inland problematisch. Kurz vor seinem Tod im Jahr 1984 züchtete Carl-Ludwig von Geibler seinen letzten von insgesamt 19 Würfen. Er war in den ganzen Jahren – ebenso wie Frau Brook-Risse – sehr engagiert und immer an der Zukunft des Ridgebacks in Deutschland und auch über die Grenzen hinaus interessiert. Für die Verpaarungen mit seinen Hündinnen war ihm kein Weg zu weit, er fuhr bis nach Paris, Wien und in die Niederlande – einmal sogar in der Silvesternacht, um einen Rüden zu nutzen, der aufgrund seiner Blutlinie geeignet war. Herr von Geibler arbeitete in der Hauptsache jagdlich mit seinen Hunden und stellte seine Ridgebacks auf Messen und Ausstellungen vor, um den „Löwenhund" bekannt zu machen. Unermüdlich arbeitete er an Wesenstests, Ausbildungsprogrammen, Kör- und Zuchtordnungen.

Die Skaaprevier-Ridgebacks zeichneten sich durch eine eher kleine und drahtige Gestalt aus und waren meist von dunkler Farbe. Innerhalb ihrer Familie waren diese Hunde sehr liebevoll, gegenüber Fremden jedoch reserviert. Sie waren sehr wachsam, besaßen ein ausgeprägtes Territorialverhalten und waren stets bereit, ihr Rudel zu verteidigen. Gleichzeitig besaßen sie die ridgebacktypische Gelassenheit und waren so schnell nicht aus der Ruhe zu bringen.

Carl-Ludwig von Geibler gründet den 1. Ridgeback-Club

Mit einer Hand voll Interessierter gründete Carl-Ludwig von Geibler 1976 den RRCD (Rhodesian Ridgeback Club Deutschland e.V.), der 2006 sein 30-jähriges Bestehen feiert.

Der RRCD ist einer von drei Ridgeback-Vereinen im VDH, die heute die Rasse betreuen. Die drei Vereine haben teilweise sehr unterschiedliche Schwerpunkte und Ziele, was die Eignung, Zucht und den Typ des Ridgebacks angeht. Ein Verein sieht u. a. den Schwerpunkt im Ausstellungswesen, die anderen im jagdlichen oder züchterischen Bereich. An dieser Stelle würde ich mir etwas mehr konstruktive Zusammenarbeit wünschen, da es ja in erster Linie um die Zukunft des Rhodesian Ridgebacks und den Erhalt seiner positiven Eigenschaften geht.

Ridgeback-Züchter im VDH

Zurzeit gibt es ca. 250 registrierte Züchter (davon ca. 200 Aktive) im VDH, die sich auf die drei Vereine verteilen. Den größten Anteil davon hat die DZRR (Deutsche Züchtergemeinschaft Rhodesian Ridgeback e.V.), gefolgt von ELSA (Club zur Erhaltung der Laufhunde des Südlichen Afrika e.V.) und RRCD (Rhodesian Ridgeback Club Deutschland e.V.).

> **Wichtig**
>
> *Frau Brook-Risse und Herr von Geibler, die das Schicksal irgendwann bei der Suche nach geeigneten Zuchtpartnern für ihre Hunde zusammengeführt hatte, trugen wesentlich zur Popularität des Ridgebacks bei. Sie sind mit ihren beiden vitalen Arbeitszuchtlinien als Begründer der deutschen Ridgeback-Zucht zu sehen.*

ENTWICKLUNG DER WELPENSTATISTIK LT. VDH BEIM RIDGEBACK VON 1994 BIS 2008

1994	=	271	2000	=	620	2006	=	734
1995	=	373	2001	=	501	2007	=	891
1996	=	417	2002	=	649	2008	=	890
1997	=	473	2003	=	565			
1998	=	644	2004	=	691			
1999	=	662	2005	=	733			

Hinzu kommen noch weitere Ridgebacks, die aus Importen oder außerhalb des VDH gezüchtet wurden.

Wie man anhand der gestiegenen Welpenzahlen deutlich sehen kann, erfreut sich der Ridgeback inzwischen größter Beliebtheit und findet auch immer noch neue Liebhaber. Der Trend zum „Modehund" ist jedoch leider auch vorhanden, was mit größter Besorgnis zur Kenntnis genommen werden muss. Ist aus einer Hunderasse erst einmal ein „Modehund" geworden, wächst die Gefahr, dass diese Rasse an „typischen" Krankheiten leidet und/oder Wesensmängel auftreten können.

Aufgabe der Vereine und der Züchter muss es in der Zukunft sein, die Vitalität und die Vielseitigkeit dieser wunderbaren Rasse zu erhalten.

Ridgebacks haben in der Regel überdurchschnittlich große Würfe.

Die verschiedenen Ridgeback-Typen

Unterschiedliche Charaktereigenschaften

Wenn man sich für den Rhodesian Ridgeback interessiert und sich dann aufgrund der vorgefundenen Informationen wie Standard und diversen Rassebeschreibungen für einen Hund dieser Rasse entschieden hat, kann es sein, dass man plötzlich feststellt, so gar keinen typischen Ridgeback erwischt zu haben.

- Da wird der Ridgeback als toller Familienhund beschrieben, aber ausgerechnet der eigene Hund klemmt jedes Mal die Rute ein, wenn er Kinder nur von weitem sieht.
- Oder es werden die jagdlichen Eigenschaften hervorgehoben, aber leider muss man feststellen, dass das Exemplar, das man sich ausgesucht hat, überhaupt kein Interesse daran hat, Wild aufzuspüren, geschweige denn zu apportieren und zu allem Übel auch noch aus dem Wasser.
- Auch über die guten Wacheigenschaften wissen viele zu berichten, aber der eigene Hund freut sich über jeden, der das Haus betritt, lässt sich mit Futter bestechen und ist „everybody's darling".

Diese Liste ließe sich beliebig fortsetzen und es stellt sich einem natürlich die Frage, warum das so ist. Im Grunde genommen ist der Ridgeback eine Mischung aus den verschiedensten Rassen und auch noch eine relativ junge Rasse. Nun kann es passieren, dass immer wieder Charaktereigenschaften der einen oder anderen Rasse durchschlagen und sich bestimmte Eigenschaften im Laufe der Zeit genetisch manifestiert haben.

Ridgebacks können im Aussehen sehr verschieden sein. Sie variieren nicht nur in ihrer Fellfarbe, es gibt auch Größenunterschiede und Unterschiede im Körperbau.

Ridgebacks mit typischem Ausdruck.

Eine weitere Rolle spielt natürlich die Aufzucht inklusive einer guten Prägung beim Züchter und eine spätere gute Sozialisierung durch den Besitzer. Wenn Ridgebacks während ihrer Prägungsphase (3. bis 7. Woche) z. B. keine Kinder kennen gelernt haben, ist es auch eher wahrscheinlich, dass sie „kleinen Menschen" gegenüber skeptisch eingestellt sind.

Unterschiedliches Aussehen

So unterschiedlich die Ridgebacks im Verhalten sind, genauso unterschiedlich sind sie auch in ihrem Äußeren. Es gibt kleine und große Ridgebacks, helle und dunkle, manche ähneln eher einem Windhund, andere wiederum eher einem Molosser.

Die Begründung hierfür liegt ebenfalls in der Vielfalt der Ausgangsrassen, die sich im Ridgeback vereinen. Hinzu kommt natürlich auch der Mensch mal den einen, mal den anderen Typ bevorzugt. Noch vor 30 Jahren waren die Ridgebacks z. B. größenmäßig eher an der Untergrenze, heute sieht man immer mehr Ridgebacks, die sogar den Standard nach oben hin weit überschritten haben. Aus diesem Grund muss trotz züchterischer Freiheit darauf geachtet werden, nicht in Extreme zu verfallen.

Wichtig

Aufgrund der Vielfalt der Rassen, die im Rhodesian Ridgeback vereint sind, gibt es eine sehr große Bandbreite verschiedener Typen. Es gibt große, schwere Ridgebacks und kleine, zierliche sowie helle und dunkle. Natürlich gibt es dazwischen verschiedene Abstufungen, die sich mehr oder weniger dem Standard annähern.

Livernose-Ridgebacks sollen einen besonders liebenswerten Charakter haben.

Zusammenhang zwischen Wesen und Aussehen

Wissenschaftler haben festgestellt, dass Exterieur und Wesen oftmals übereinstimmen. Das kann z. B. bedeuten, dass der eher windhundartige Ridgeback nervöser oder gar ängstlicher im Verhalten ist als der Molossertyp. Man kann das sehr gut mit den unterschiedlichen Pferderassen vergleichen. Das elegante Vollblut hat eben ein anderes Temperament als das schwere Kaltblut. Auch die Pigmentstärke kann Aufschluss über das Temperament geben.

Die Ridgebacks, die mich im Laufe meines Lebens begleitet haben, hatten alle unterschiedliche Charaktere und waren auch in ihrem Aussehen sehr unterschiedlich. Und das, obwohl ja alle unter ziemlich ähnlichen Bedingungen aufgewachsen sind. Auf jeden Hund musste ich mich neu einstellen. Keiner war wie der andere und doch waren sie alle auf ihre Art liebenswert und schön – so wie der eigene Hund eigentlich sein sollte. Manchmal werde ich gefragt, welcher meiner Ridgebacks mir denn der liebste war und ich kann nur antworten: „Jeder auf seine Art!"

Tipp

Der Zusammenhang zwischen Aussehen und Wesen kann bei der Auswahl eines Welpen für den Hundeinteressenten sehr behilflich sein.

Die Persönlichkeit des Hundes

Es liegt natürlich auch am Besitzer, was er aus seinem Hund und dessen „Grundsubstanz" macht. Man sollte sich darüber im Klaren sein, dass jeder Ridgeback eine individuelle Persönlichkeit darstellt – keiner ist wie der andere. Auf jeden muss seinen Neigungen entsprechend eingegangen werden. Das erfordert oft viel Fingerspitzengefühl für den Besitzer und stellt manchmal eine recht große Herausforderung dar. Schwirig kann es werden, wenn der Hundehalter z. B. seinen „Neuen" mit dem eben erst verstorbenen Ridgeback vergleicht. Damit kann man ihm schnell Unrecht tun. Mir ist das mit meiner Hündin Flair passiert, die ich anderthalb jährig kaufte. War sie doch meiner längst verstorbenen Ix so ähnlich, oh – ich war ganz entzückt. Also taufte ich sie um und nannte sie „Ix". Auch meine Erwartungshaltung ging genau in diese Richtung. Ich dachte immer, Flair müsste doch in allem auch so reagieren wie sie, doch sie tat es nicht! Im Gegenteil – wir entfernten uns immer weiter voneinander. An manchem Abend saß ich weinend zu Hause und war traurig darüber, dass ich keinen Zugang zu Flair bekam. Ich grübelte verzweifelt über eine Lösung nach. Ja, das war es: Ich musste mich ändern. Von Stund an schraubte ich meine Erwartungshaltung an den Hund auf null und nahm damit jeglichen Druck aus unserer Beziehung und gab ihr damit die Möglichkeit zu wachsen. Flair taute immer mehr auf, das Vertrauen wuchs und wir wurden innerhalb kurzer Zeit zum Team. Später reichte ein Blick oder eine Geste, damit wir uns verstanden. Diese Geschichte aus eigener Erfahrung zeigt, dass es in der Regel an uns Menschen liegt, wie sich die Beziehung zum Hund entwickelt.

„Yeah" – so macht das Hundeleben Spaß.

Freiraum zur persönlichen Entfaltung

Eigentlich sollte man ähnlich mit einem Welpen verfahren, bei dem man noch gar nicht wissen kann, in welche Richtung seine Entwicklung geht. Erst einmal abwarten, welche Eigenschaften er entwickelt. Klettert er gern, schwimmt er gern, spielt er gern, hat er einen ausgeprägten Fress-/Beutetrieb, lässt er sich leicht/schwer beeindrucken usw. Das heißt natürlich nicht, dass ich für eine antiautoritäre Erziehung bin. Der junge Hund sollte schon konsequent und mit der nötigen Geduld erzogen werden. Aber man sollte ihm auch den Freiraum für die Entwicklung seiner ganz persönlichen Individualität geben. Für eine eventuell geplante Verwendung bedeutet dies allerdings: Nicht jeder Ridgeback, der als Jagdhund gekauft wird, eignet sich auch später für die Jagd. Nicht jeder Ridgeback, der als Sporthund angeschafft wird, erfüllt später auch die Anforderungen an diesen. Eltern, deren Sohn nicht der erwartete Pianist wird, werden sich bestimmt aus diesem Grund nicht von ihrem Kind lossagen oder es gar weggeben. Dafür kann man allerdings in der Hundehaltung nicht immer die Hand ins Feuer legen…

TYPISCH RIDGEBACK

- Eigentlich ist es Zeit, dass Ihr Ridgeback einmal wieder zum „Pipi-fein" in den Garten soll, aber es regnet Bindfäden. Nun, Sie stehen im Garten und säuseln nach Ihrem Hund, der es vorzieht unter der Terrassenüberdachung zu bleiben und sich wundert, was Sie bei dem schlechten Wetter dort draußen treiben.

- Sie gehen mit Ihrem Ridgeback spazieren und unterwegs fängt es an zu regnen. Sie bewegen sich zügig Richtung Parkplatz und Auto, Ihr Hund eilt Ihnen weit voran, um ja schnell genug ins Trockene zu kommen. Auf dem Parkplatz steht ein weiteres Auto, die Beifahrertür ist offen und auf dem Beifahrersitz befindet sich eine nobel gekleidete Dame, die auf ihren Chauffeur wartet. Ein Aufschrei – mit einem Satz ist Ihr pudelnasser Ridgeback der zu Tode erschrockenen Dame zwischen die Beine gesprungen. Sie stammeln etwas von „Entschuldigung" und versuchen, Ihren Hund wieder hinaus in den Regen zu ziehen.

- Ihr Ridgeback sitzt vor seinem Korb und mault etwas herum. Nun müssen Sie zuerst seine Decken glatt ziehen, erst dann kann er sich hineinlegen.

- Es ist mitten in der Nacht. Eine kalte Hundeschnauze weckt Sie und stößt unerbittlich unter Ihre Bettdecke. Sie krabbeln schlaftrunken aus dem Bett, fingern im Dunkeln nach der Zudecke Ihres Ridgebacks und legen sie Ihrem Liebling wieder um. Nun kann er warm und kuschelig weiterschlafen, bei Ihnen dauert es etwas länger, bis Sie wieder in den Schlaf finden.

- Sie haben wegen einer Hundeveranstaltung ein Hotel gebucht und wollten noch einmal mit Ihrem Rüden eine letzte Gassi-Runde drehen. Alles erledigt, drücken Sie etwas schlaftrunken den Fahrstuhlknopf. Eine Etage gleicht der anderen wie ein Ei dem anderen. Sie steigen aus, orientieren sich kurz, machen die Zimmertür auf und fordern Ihren Hund zum Hineingehen auf. Dieser aber will partout nicht in das Zimmer. Kein Wunder – erwartet ihn doch dort nicht sein eigenes Hundebett, sondern ein grollender Terrier und dessen Besitzer, die sich schon zur Nacht gebettet hatten. Die Hunde klären kurz, wer hier zu Hause ist – 'tschuldigung! Hätte man bloß auf seinen Ridgeback gehört – er wollte ja von Anfang an nicht in dieses Zimmer.

- Sie sind auf Ihrer täglichen Spaziertour und treffen einen Ihnen bekannten Jogger, grüßen kurz – wie immer – die Hunde gehen wohlerzogen neben Ihnen. Sie treffen den Jogger ein zweites Mal und er sagt: „Na, beim nächsten Mal ist aber ein Kaffee fällig." „O.K. – machen wir", erwidern Sie. Nun fängt der Jogger an, Sie mit erhobenen Armen zu umkreisen, um das dritte Mal zu simulieren, und wird vehement von Ihren Ridgebacks daran gehindert, noch näher zu kommen.

Der sechste Sinn

Gibt es bei Rhodesian Ridgebacks den vielzitierten sechsten Sinn für Gefahr? Ja, aber sicher nicht in der Art und Weise, wie wir Menschen es uns im Allgemeinen vorstellen. Der so genannte sechste Sinn beim Ridgeback, bei anderen Hunden und auch anderen Tieren hat sicher nichts Übernatürliches an sich. Nur: Mit unserer rudimentären menschlichen Grundausstattung von fünf Sinnen können wir in puncto Sensibilität mit den tierischen Sinnen nicht mithalten. Nein, es war nicht wirklich der sechste Sinn unseres Ridgebacks, sondern seine feinen Antennen des guten Gehörs, das ihn das Donnergrollen viel früher hören ließ als uns Menschen. Und das möchte er seinem Menschen mitteilen, also läuft er unruhig hin und her.

Beispiele für den sechsten Sinn

Die folgenden Beispiele verdeutlichen, dass der Rhodesian Ridgeback sehr gut ausgeprägte sensible Sinne hat.

Vor vielen Jahren brach irgendwo im Elbetal während eines schlimmen Unwetters nachts ein Damm. In einiger Entfernung liegt ein kleiner Ort in der Nähe eines kleinen Flüsschens. Auf einem Gutshof lebte zu dieser Zeit ein Ridgeback-Rüde mit seiner Besitzerin. In der besagten Nacht konnte der Rüde keinen Schlaf finden, war unruhig, lief hin und her. Er weckte sein Frauchen und war kaum zu beruhigen. Das besorgte Frauchen ging mit ihm mehrmals nach draußen, da sie dachte, ihr Hund hätte Bauchschmerzen und würde sich lösen wollen. Kein Mensch in dem kleinen Dorf ahnte zu diesem Zeitpunkt etwas – alles schien in Ordnung zu sein. Der Ridgeback aber ließ nicht nach. Als er sein Frauchen zum dritten Mal weckte und nach draußen zitierte, hörte sie ungewohnten Lärm. Ein paar Bewohner des tiefer gelegenen Dorfes hatten das steigende Hochwasser bereits festgestellt und waren in Aktion. Der kleine

Auch wenn es den Anschein hat, dass ein Ridgeback tief und fest schläft, so kann er doch innerhalb eines Bruchteils von Sekunden hellwach sein.

Wichtig

Es ist erwiesen, dass Wölfe den Standort für ihre Höhlen sehr sorgfältig auswählen und dabei darauf achten, dass kein Wasser – z. B. durch ergiebigen Regen – in die Höhle laufen, sondern gut abfließen kann, da hineinbrechende Wassermassen für einen eventuell vorhandenen Wurf eine große Gefahr darstellen. Dies erklärt wahrscheinlich auch, weshalb unsere Hunde beim ersten Donnergrollen unruhig werden.

Bach war zu einem reißenden Fluss angeschwollen. Als der Rüde die Gewissheit hatte, dass Frauchen verstanden hat, dass eine außergewöhnliche Gefahr den Ort bedrohte, legte er sich beruhigt in seinen Korb und holte den versäumten Schlaf nach.

Unterbrechung von Gewohnheiten

Ein weiteres Beispiel lieferte unsere eigene Ridgeback-Hündin Flair vor einiger Zeit, als wir noch ein anderes Haus bewohnten. Gewohnheitsgemäß folgte sie uns abends ins Schlafzimmer und legte sich in ihren Korb, wenn wir zu Bett gingen. Eines Nachts verließ sie ihren Korb und wollte lieber auf dem Sofa im Arbeitszimmer weiterschlafen. Das empfanden wir noch als ganz normal. An den darauffolgenden Abenden ging sie nur kurz in ihren Korb und verschwand dann gleich auf das Sofa. Wir hielten das für „typisch Ridgeback" und vermuteten „unangenehme" Gerüche der Wolldecke, des Schaffells oder des ganzen Korbes – also: lüften, waschen und schließlich Decke und Schaffell austauschen. Das war es aber alles nicht. Danach haben wir den Korb im Hinblick auf mögliche unangenehme oder altersbedingte Knarrgeräusche des Weidengeflechts entfernt. Das war es aber auch nicht. Flair wollte irgendwann gar nicht mehr ins Schlafzimmer. Nicht lange danach – nach einem heftigen Gewitterregen – hörte ich ein rhythmisches plätscherndes Geräusch aus dem Schlafzimmer. Das Flachdach war undicht, es hatte sich ein großer Wasserfleck unter der Decke gebildet und es tropfte heftig an den Wänden herunter und auf den Teppich – genau an der Stelle, wo früher Flairs Korb gestanden hatte. Als ich später gemeinsam mit dem Dachdecker die defekte Stelle inspizierte, sagte dieser, dass durchaus Einsturzgefahr bestanden hätte. Puh, dachte ich, Glück gehabt – was für ein kluger Hund! Vermutlich hatte sie mit ihren feinen Sinnen schon kaum wahrnehmbare Tropfgeräusche gehört.

Übrigens: Nach der Reparatur des Daches hat Flair umgehend wieder ihren alten Platz im Schlafzimmer angenommen.

Rituale oder Ridgebacks sind auch nur „Gewohnheitsmenschen"

Rituale werden im Wörterbuch folgendermaßen erläutert: feierlicher Brauch, Gottesdienstordnung, Ritualisierung bedeutet „Zur Regelmäßigkeit steigern".

Rituale dienen der inner- und außerartlichen Verständigung und sind oft ausgeprägter als deren ursprüngliche Verhaltensweise. Das hat den Grund, dass Rituale besonders gut verstanden werden, relativ auffällig und unverwechselbar sind. Dieses wiederum ist ein Schutzmechanismus der Natur, damit es nicht zu Missverständnissen kommt, aus denen das einzelne Tier Schaden nehmen kann.

Ridgebacks lieben Beschäftigung und sind gerne überall mit dabei.

Eine ziemlich aufmüpfige Begrüßung, die jedoch gelassen hingenommen wird.

Begrüßungsrituale

In der Verhaltenslehre versteht man darunter, dass ursprüngliche Verhaltensweisen eine andere Bedeutung erhalten. Das anfängliche Schnauzenstoßen der Welpen gegenüber der Mutter bedeutete: „Ich bin hungrig, hast du Futter für mich?" Daraus entwickelt sich später ein Begrüßungsritual, bei dem unser Hund versucht, unsere Mundwinkel zu erreichen.

Rituale sind wichtiger Bestandteil im Zusammenleben vieler Spezies. Das Handgeben als Begrüßungsritual bei uns Menschen heißt so viel wie „Schau, ich gebe dir meine rechte Hand und trage demzufolge keine Waffe – ich komme in friedlicher Absicht". Unsicheren Hunden kann man z. B. mit Hilfe der ihnen bekannten Rituale und einem geordneten Tagesablauf Sicherheit vermitteln.

Das Begrüßungsritual bei Hunden läuft ebenfalls nach einem ganz bestimmten Schema ab: Zwei Hunde begegnen sich und anhand der Körperhaltung, aufgestellter Haare, Ohr- und Rutenhaltung können sie erkennen, ob der jeweils andere in friedlicher Absicht kommt oder ob Ärger vorprogrammiert ist.

Hunde gewöhnen sich schnell an immer wiederkehrende Abläufe und können dann auch später die Reihenfolge assoziieren, d. h. sie wissen, wenn das und das passiert, folgt darauf immer dieses und jenes.

In jedem Fall bedarf es aber der Kommunikation, d. h. es muss einen Sender, ein Signal und einen Empfänger geben. Hunde sind wahre Kommunikationskünstler – sowohl innerartlich als auch bezüglich der Verständigung zwischen Mensch und Hund. Senden wir also immer die gleichen Signale, stellt der Hund dazu eine besondere Verknüpfung her, z. B. immer nach dem Fressen gibt es noch einen Kauknochen. Diese Prägung auf Rituale kann man sich im Zusammenleben und in der Erziehung zu Nutze machen.

Der Ridgeback – ein idealer Familienhund?

In den meisten Publikationen wird der Ridgeback als „kinderlieb" Familienhund beschrieben. Dieser Auffassung kann ich nur zum Teil zustimmen. Schon allein der Begriff „kinderlieb" stört mich dabei ein wenig, da ich glaube, dass kein Hund von Natur aus „kinderlieb" ist. Besser wäre: kinderverträglich oder tolerant gegenüber Kindern. Den Begriff „kinderlieb" können nur Menschen erfunden haben – genau, wie auch Menschen einem Hund menschliche Eigenschaften wie z. B. Eifersucht zuordnen.

Sicher finden Hunde Kinder in vielerlei Hinsicht interessant. Säuglinge riechen so wunderbar – war es doch früher und bei einigen primitiven Völkern auch heute noch die Bestimmung von Lagerhunden, Kinderpopos sauber zu halten. Kinder machen so herrlich hohe Geräusche, auf die Hunde gern reagieren. Kinder haben irgendwie immer etwas zu essen in ihren kleinen Fingern und die sind so leicht erreichbar.

Kinder gehören aber auch – gerade wenn sie am Boden liegen oder krabbeln und vielleicht dabei auch noch zappeln – in das Beuteschema eines Hundes, was leider immer wieder Beißunfälle bezeugen. Deshalb darf man Kind und Hund nie alleine lassen.

Es gibt mit Sicherheit Hunderassen, die für Familien mit Kindern besser geeignet sind als der Ridgeback. Ridgebacks spielen nämlich nur bedingt. Immer wiederkehrendes Stöckchen- oder Ballholen ist für den Ridgeback langweilig – vielleicht läuft er ein-, zweimal hinterher, aber dann reicht es ihm auch meist schon wieder. Schmusehunde sind Ridgebacks ebenfalls nur bedingt. Ich kenne einige, die gar nicht genug Streicheleinheiten bekommen können, andere wiederum entziehen sich lieber der körperlichen Zuneigung ihrer Menschen und zeigen eher katzenhaftes Verhalten. Ridgebacks sind eben Individualisten. Des Weiteren gehören Ridgebacks nicht zu der Kategorie Hunde, die man mal eben so mit dem Kind Gassi schicken kann. Ca. 40 kg geballte Muskelkraft ziehen ein Kind locker in die gewünschte Richtung.

Verhaltensregeln bei Kindern

Um ein friedvolles Zusammenleben innerhalb der Familie zu gewährleisten, sollte man einige Dinge beachten:
- Wählen Sie möglichst einen Züchter aus, der selbst Kinder hat, so dass Ihr Welpe in der wichtigen Prägungsphase ausreichend Kontakt zu Kindern unterschiedlichen Alters hatte.
- Vermeiden Sie Negativ-Erlebnisse zwischen Welpe/Junghund und Kindern, da Ridgebacks negative Ereignisse lange in ihrem Gedächtnis behalten.
- Sorgen Sie dafür, dass Ihr Hund einen Ruheplatz hat, der für Kinder unerreichbar ist oder von ihnen zu 100 % respektiert wird.

Vorsicht

Da Ridgebacks sehr feinfühlig sind, kann es passieren, dass ein Rüde z. B. anfängt im Haus oder Kinderzimmer zu markieren, um seinen Status zu verdeutlichen, wenn die Kinder in die Pubertät kommen. Es kann passieren, dass Ridgebacks einen solchen Schutztrieb entwickeln, dass sie niemand Fremdes an den Kinderwagen oder ins Haus lassen. Es kann passieren, dass ein Ridgeback die fremden Spielkollegen Ihrer Kinder einfach kurzerhand festhält, wenn sie etwa Räume betreten, von denen der Ridgeback meint, sie wären tabu.

- Schicken Sie Ihren Ridgeback nicht mit Kindern zum Gassigehen hinaus.
- Lassen Sie Hund und Kind/er nicht unkontrolliert allein.

Kleinkinder und Hunde

Falls ein Kleinkind im Haus ist, würde ich empfehlen, auf die Anschaffung eines Hundes vorerst zu verzichten. Erst wenn das Kind sicher stehen und laufen kann, kann man einen Welpen hinzunehmen.

Ist schon ein Hund vorhanden und menschlicher Nachwuchs kündigt sich an, dann grenzen Sie den Hund nicht aus. Das würde er nicht verstehen. Lassen Sie ihn teilhaben, zeigen Sie ihm den Säugling und lassen Sie ihn schnuppern. Sicher ist es schön, wenn Kinder mit Hunden und auch anderen Tieren aufwachsen. Ein Miteinander darf aber nicht zu Lasten der einen oder anderen Seite gehen. Deshalb ist es wichtig, dass sowohl das Kind gut erzogen ist und weiß, wie es sich dem Hund gegenüber zu benehmen hat, als auch der Hund seinerseits seine Grenzen kennt. In den meisten Fällen gibt es zum Glück keine gravierenden Probleme – aber ein paar Gedanken vor der Anschaffung eines Familienhundes können nicht schaden, um vor bösen Überraschungen sicher zu sein.

Kinder und Hunde können die besten Freunde werden. Beim Spaziergang dürfen größere Kinder auch einmal einen Ridgeback kurz führen, jedoch sollte immer eine erwachsene Person dabei sein.

Haltung und Pflege

Anforderungen an den Ridgeback-Besitzer

Optimal wäre es, wenn Sie
- ein Haus und einen Garten haben.
- sich ausgiebig über die Rasse und allgemeine Themen der Hundehaltung informieren und es schaffen, das theoretische Wissen in die Praxis umzusetzen.
- es einrichten können, in den ersten Wochen – besser noch Monaten – nach Einzug des Welpen rund um die Uhr für ihn da zu sein.
- Ihr Leben so planen können, dass der erwachsene Hund nicht länger als vier Stunden am Tag allein bleiben muss.
- gewillt sind, Ihrem Hund bei jedem Wetter mehrere Stunden am Tag freien Auslauf und Beschäftigung zu bieten.
- Ihren Hund mit in den Urlaub nehmen.
- für Notfälle einen geeigneten Hundesitter parat haben.
- vorausschauend denken und wissen, dass Ihr Hund, wenn er älter wird oder krank ist, vielleicht keine Treppen mehr hinauf- oder hinunterlaufen kann oder Sie nicht mehr am Fahrrad oder Pferd begleiten kann.
- Ihren Hund so lieben, wie er ist, und bereit sind, sich auf ihn einzulassen und versuchen, ihn zu verstehen.
- sich nicht von Ihrem Hund trennen, weil aus ihm nicht der erwartete Champion oder Zuchthund geworden ist.

Aber wo liegen schon optimale Bedingungen vor?

Ist der Wunsch nach einem Ridgeback wirklich groß und hat man sich intensiv mit seinen Ansprüchen beschäftigt, lässt sich sicher auch ein Kompromiss finden. Hunde sind aufgrund ihrer großen Anpassungsfähigkeit zu manchem Kompromiss bereit.

Ein erfolgreicher Rüde aus England: CH. Nyassa Khami Lynes.

Positive Beispiele aus meiner Zeit als Ridgeback-Züchterin

Einen Rüden habe ich an einen alleinstehenden jungen Mann verkauft, der durchaus als „Alternativer" zu bezeichnen war. Er war auf der Suche nach einem Hund, der ihn überallhin begleitet und mit ihm durch „dick und dünn" gehen sollte.

Eine Hündin verkaufte ich an einen jungen Studenten, der zu diesem Zeitpunkt in einer WG wohnte und den Hund jeden Tag mit in die Uni nahm.

Eine Hündin ging an eine Familie mit vier Kindern, Pferden und anderen Tieren.

Einem älteren hundeunerfahrenen Ehepaar habe ich abgesagt, da diese unbedingt den kräftigsten Rüden aus dem Wurf haben wollten.

Und dann war da noch ein Ehepaar, das auf den ersten Blick nicht als potenzielle Ridgeback-Besitzer in Frage kam, aber meine Gunst dadurch gewinnen konnte, als es bei einem Besuch beherzt die voll gespuckten Hundedecken aus unserem Auto zerrte und ich diese anschließend wieder sauber in den Kofferraum legen konnte.

Es ist das größte Glück, diesen kleinen Kerl sein Eigen zu nennen. Trotzdem sollte man sich Züchter und Zuchtstätte vorher genau ansehen.

Wenn also der Wunsch nach einem Ridgeback sehr groß ist, wird sich ein Weg finden, ihm in vielen Belangen gerecht zu werden. Lassen Sie sich auf das Abenteuer Ridgeback ein!

Die Wahl des Züchters

Ganz gleich, wie und wo Ihnen der Rhodesian Ridgeback aufgefallen ist, Sie sind total begeistert, wollten schon immer einen Hund und sind sicher, nun den richtigen gefunden zu haben. Als Erstes sollten Sie sich möglichst viele Informationen aus unterschiedlichen Quellen beschaffen. Dazu kann man auf Ausstellungen gehen, Bücher lesen, das Internet zu Rate ziehen, Ridgeback-Besitzer fragen usw. Seien Sie kritisch und machen Sie sich Ihr eigenes Bild. Nehmen Sie nicht alle Informationen als gegeben hin, denn der Ridgeback ist zwar ein wunderbarer Hund, aber kein „Wunderhund".

Sind Sie sicher? Es soll also wirklich ein Ridgeback sein? Dann können Sie die Suche nach einem geeigneten Züchter starten. Zunächst einmal wird Ihnen ein bestimmter Typ gefallen: Da wären große und kleine Ridgebacks, zierliche und kräftige, helle und dunkle usw. Ein seriöser Züchter wird einem dem VDH (Verband für das Deutsche Hundewesen e. V.) zugehörigen Verein (siehe S. 151) angeschlossen sein und sich dessen Regelwerk zum Wohle der Rasse unterwerfen. Er wird Ihnen allerlei Fragen zu Ihren Lebensumständen und zu Ihrer Vorstellung von Hundehaltung stellen und er wird Sie persönlich kennen lernen wollen. Ist er Ihnen sympathisch? Gefallen Ihnen seine Hunde, sind sie freundlich und sicher im Verhalten oder sind sie ängstlich oder gar aggressiv? Ein seriöser Züchter zeigt Ihnen alle Hunde, die bei ihm leben. Er hält seine Hunde im Haus und lebt mit ihnen zusammen. Er sorgt für optimale Aufzuchtbedingungen und bereitet die Welpen durch eine entsprechende Prägung auf ihr späteres Leben vor.

Regelmäßige Besuche

„Ihr" Züchter lässt Sie mindestens ab der vierten Woche nach der Geburt regelmäßig zu Besuch kommen, damit Sie die Entwicklung der kleinen Hundefamilie mitverfolgen können. Die Zuchtstätte muss in jedem Fall einen sauberen und ordentlichen Eindruck auf Sie machen und hell und freundlich sein. Ein verantwortungsbewusster Züchter weiß über seine Rasse Bescheid, kann Ihnen wertvolle Tipps über Haltung, Pflege, Gesundheit, Ernährung usw. geben und er schließt mit Ihnen bei Übernahme des Welpen einen Kauf-

Vorsicht

Trotz aller Kontrollen und Auflagen, die Zucht betreffend, gibt es leider immer wieder „schwarze Schafe" unter den Züchtern. Manchmal geschieht dies leider auch aus Unwissenheit. Lassen Sie Ihren „gesunden Menschenverstand" walten und horchen Sie auf, wenn die Hunde im Zwinger oder Keller leben. Vorsicht ist auch geboten, wenn ein Züchter mehr als einen Wurf gleichzeitig aufzieht oder sich weigert, Ihnen die Zuchtpapiere (Körbericht inkl. Wesensbeurteilung, Ahnentafeln etc.) der Eltern zu zeigen.

Ab der vierten Woche dürfen die Welpen regelmäßig besucht werden, und man kann die kleinen Charakterburschen sehr gut kennen lernen.

vertrag ab. Ein seriöser Züchter kann Ihnen niemals die Garantie geben, dass Sie einen Welpen erwerben, der später einmal Champion oder Zuchthund wird. Er wird alle Ihre Fragen geduldig nach bestem Wissen und Gewissen beantworten und manchmal sogar zu dem Schluss kommen, Ihnen keinen seiner Welpen anvertrauen zu wollen. Spätestens dann sollten Sie sich kritisch fragen, ob Sie wirklich die vielen Voraussetzungen erfüllen, um einem Hund ein geeignetes Zuhause und ein artgerechtes Leben bieten zu können.

Die Qual der Wahl – der passende Welpe

Wenn Sie den richtigen Züchter gefunden haben und bei ihm und dem Wurf zu Besuch sind, nehmen Sie sich Zeit und beobachten Sie zunächst die ganze Meute. Meine Erfahrungen haben gezeigt, dass der Ruhigste im Wurf nicht unbedingt der Ruhigste und Ausgeglichenste bleibt. Er ist der stille Beobachter und rätselt insgeheim an einer besonderen Strategie, die ihm Vorteile verschaffen könnte. Die wildesten Raufbolde werden oft sehr verträgliche Familienhunde, die alles mitmachen. Vorsicht ist geboten, wenn ein Hund/Welpe auf Sie einen unsicheren und ängstlichen Eindruck macht. Welpen sind von Natur aus neugierig und haben Spaß daran, ihre Umwelt zu erkunden und Neues zu entdecken. Welpen, die durch ihre Mutter und

Ein neugieriger Welpe, der an seiner Umwelt interessiert ist.

ihren Züchter optimal geprägt wurden, dürften normalerweise kein ängstliches Verhalten zeigen. Haben Sie den Welpen im Geschwisterverbund beobachtet, ziehen Sie sich nun mit Ihrem Favoriten in eine etwas ruhigere Ecke zurück und beschäftigen Sie sich mit ihm:
- Ist er neugierig?
- Lässt er sich anfassen und sich auch einmal vorsichtig auf den Rücken drehen?
- Haben Sie das Gefühl, er fühlt sich in Ihrer Nähe wohl?

Späterer Einsatzbereich des Hundes

Bei der Wahl kommen weitere Überlegungen ins Spiel. Wollen Sie lediglich einen Familienhund, dann kann es auch ein Welpe mit kleinen Schönheitsfehlern sein. Haben Sie Ambitionen, an Ausstellungen teilzunehmen oder zu züchten, dann sollten Sie natürlich einen Welpen aussuchen, der zumindest im zarten Alter von acht Wochen keine offensichtlichen Fehler aufweist. Genaue Angaben über die Qualität Ihres Welpen erhalten Sie einerseits durch Ihren Züchter, der bestimmt auf Ihre Wünsche eingehen wird, andererseits durch den so genannten Wurfabnahmebogen, der von einem qualifizierten Zuchtwart bei der Wurfabnahme ausgefüllt wird. Die Wurfabnahme findet nach der 8. Woche statt, die Welpenabgabe dann meist zwischen der 8. und 9. Woche. Zu diesem Zeitpunkt müssen die Welpen geimpft und mehrfach entwurmt sein. Der Zuchtwart begutachtet jeden Welpen einzeln und hält in einem eigens dafür vorgesehenen Protokoll fest, welche Fehler der Hund hat. Fehler, die zu diesem Zeitpunkt feststellbar sind, können z. B. sein: Knickrute, Gebiss- oder Kieferanomalien, Dermoid Sinus, Ridgelosigkeit, zu stark versetzte Crowns, zu viel Weiß im Fell oder fehlende Hoden beim Rüden. Werden Fehler festgestellt, die eine spätere Zucht nicht zulassen, dann wird dies im Wurfabnahmebogen vermerkt. Dieser ist der Status quo im Alter von acht Wochen. Ob der Hund später alle Zähne haben oder HD-, ED- und OCD-frei sein wird, kann man in diesem Alter natürlich noch nicht sagen. Der Wurfabnahmebogen garantiert Ihnen als Käufer lediglich den Ist-Zustand des Hundes.

Kaufrecht für Züchter

Seit dem Jahr 2002 gibt es ein neues Kaufrecht für Züchter, das genau regelt, welche Rechte und Pflichten Käufer und Verkäufer haben. Wichtigste Klausel ist hier, dass der Verkäufer max. zwei Jahre lang für Fehler des Hundes haftbar gemacht werden kann, die bereits bei Übergabe an den Käufer vorhanden waren. Im Extremfall kann ein Käufer auch nach dieser langen Zeit das Tier dem Verkäufer wieder zurückgeben. Man bedenke, was dies in der Praxis für Auswirkungen für einen Hobbyzüchter haben kann. Es ist deshalb gestattet und in jedem Fall empfehlenswert, bei Geschäften zwischen Privatpersonen andere Fristen vertraglich zu vereinbaren.

Wichtig

Es ist Pflicht, jeden Welpen zu kennzeichnen. Dies geschieht entweder durch den Tierarzt mit einem Mikrochip, der dem Welpen mit Hilfe einer Kanüle in den linken Schulterbereich injiziert wird, oder durch eine Tätowierung im Ohr, die der Zuchtwart vornimmt. Eine Kombination dieser beiden Alternativen ist auch möglich. Dies ist dann sozusagen der Personalausweis Ihres Hundes.
Die Tätowierung ist nur noch bis zum Jahr 2012 anerkannt. Danach müssen alle Hunde gechipt werden.

Typisch Rüde oder ...

Rüde oder Hündin?

Grundsätzlich gibt es den geschlechtsspezifischen Unterschied, dass Hündinnen ein- bis zweimal pro Jahr läufig werden und Rüden das ganze Jahr über den läufigen Hündinnen auf der Spur sind. Rüden sind in der Regel imposanter, größer und kräftiger, das heißt, Sie sollten über ausreichend Muskelkraft verfügen, um dem etwas entgegensetzen zu können. Die Gefahr der Dominanz ist ebenfalls bei Rüden etwas größer als bei Hündinnen. Rüden neigen nach meinen Erfahrungen weniger zum Wildern als Hündinnen. Bis zu ihrer Pubertät sind die Verhaltensmuster beider Geschlechter gleich oder ähnlich, erst mit dem Eintreten der Geschlechtsreife ändert sich das. Die Hündin wird das erste Mal läufig (meist zwischen dem 9. und 11. Monat, manche werden bereits mit 6 andere erst mit 17 Monaten läufig) und kann hormonell bedingte Stimmungsschwankungen aufzeigen. Der Rüde wird vielleicht anfangen, seine Position im Rudel auszubauen. Allerdings kann und sollte man nichts verallgemeinern. Es gibt ebenso sehr dominante Hündinnen.

Man kann auch hier, wie in anderen Fällen, Parallelen zur Hierarchie in einem Wolfsrudel finden. Dort gibt es zwei getrennte Rangordnungen, die der weiblichen und die der männlichen Tiere. Unter Berücksichtigung dieser Rangordnung gibt es eine ganz spezielle Aufgabenverteilung. Die Rüden verteidigen und schützen das Rudel, die Hündinnen jagen und kümmern sich um den Nachwuchs.

Wohnt ein Rüde mit Ihnen Zaun an Zaun?

Bezüglich der Entscheidung, welches Geschlecht Ihr Ridgeback haben sollte, sollten Sie sich fragen, was Sie für die Zukunft planen. Wollen Sie es z. B. nicht ausschließen, vielleicht später einmal selbst zu züchten, dann muss es natürlich eine Hündin sein. Haben Sie einen unverträglichen Rüden in der Nachbarschaft, dann ist wohl auch eher eine Hündin das Beste. Haben Sie Verwandte, Freunde und Bekannte, die bereits Hundebesitzer sind, ist es sicher besser, das gegenteilige Geschlecht zu wählen, damit Sie sich auch weiterhin treffen können.

Lassen Sie Ihr Gefühl entscheiden

Wenn Sie noch gar keine Vorstellung haben, lassen Sie Ihr Herz entscheiden. Manchmal ist es auch so, dass die kleinen Hundepersönlichkeiten uns auswählen. Dies ging uns z. B. bei Missie so. Bei jedem Besuch wich sie mir nicht von der Seite. Sie begrüßte mich, wenn wir bei ihrem Züchter ankamen und stand noch lange am Zaun, wenn wir uns wieder verabschieden mussten. Eigentlich gefiel mir eine andere Hündin besser: sie war etwas dunkler und hatte mehr Maske... aber, was soll ich sagen? Missie hat sich durchgesetzt und ich habe es bis heute nicht bereut.

> **Wichtig**
>
> *Ein Welpe von acht oder neun Wochen – ganz gleich, ob Rüde oder Hündin – ist eine „Wundertüte". Man kann nie vorhersagen, was aus ihm wird. Man kann durch die richtige und konsequente Erziehung lediglich dafür sorgen, dass aus ihm ein verträglicher und umgänglicher Hausgenosse wird, der Ihnen ein angenehmer Begleiter ist.*

Wie teuer ist die Hundehaltung?

Für meine erste Ridgeback-Hündin Penny aus dem Skaaprevier haben meine Eltern im Jahr 1972 ganze 150 DM bezahlt! Diese Zeiten sind natürlich lange vorbei.

Für einen fehlerfreien Welpen im Alter von ca. acht Wochen zahlt man heute je nach Züchter zwischen 1.600 und 2.000 Euro. Ein fehlerhafter bzw. zuchtuntauglicher Welpe sollte nicht viel mehr als die Hälfte des normalen Welpenpreises kosten. Je nach Art und Schwere des Fehlers hat man als Käufer eventuelle Folgekosten zu tragen, wenn vertraglich mit dem Züchter nichts anderes vereinbart ist. Dies kann z.B. eine Korrektur einer Gebissfehlstellung sein oder Folgekosten einer Dermoid Sinus Operation. Damit ist es aber noch lange nicht getan. Des Weiteren müssen Sie die nachfolgenden Kosten mit einplanen (siehe Tabelle). Schnell sind zusätzlich einige hundert Euro zusammen, falls Ihr Liebling einmal ernsthaft erkrankt, was natürlich niemand hoffen will. Es gibt heute bereits sehr umfangreiche Krankenversicherungen für Hunde, die je nach Art des Vertrages und Höhe des Beitrages im Falle von Erkrankungen einspringen und teilweise sogar Impfungen bezuschussen. Und vielleicht benötigen Sie sogar ein größeres Auto, da der ausgewachsene Ridgeback ja doch etwas mehr Platz beansprucht.

...typisch Hündin?

ANSCHAFFUNGSKOSTEN	
Grundausstattung wie Leine, Halsband, Futter- und Wassernapf, Spielzeug	ca. 100 €
Weitere Leine, Halsband, größere Näpfe, weil der Hund gewachsen ist	50 bis 100 €
Hundekorb oder Kissen	ca. 100 €
Einige Vetbeds zum Wechseln, auch für das Auto etc.	ca. 50 €
Tierarztkosten: Impfungen, Entwurmungen jährlich	ca. 80 €
Haftpflicht jährlich	ca. 80 €
Hundesteuer jährlich, je nach Gemeinde	20 bis 200 €
Teilnahme (Meldegeld) an Ausstellungen	45 € pro Veranstaltung
Futterkosten pro Monat	50 bis 100 €
Vereinsbeitrag jährlich	ca. 100 €

„Ich will in mein neues Zuhause!" Ridgeback-Welpen fällt die Trennung meist nicht sehr schwer und sie gewöhnen sich schnell bei ihrer neuen Familie ein.

Der große Tag

Nun können Sie es bald nicht mehr abwarten und zählen die Tage, bis Sie Ihren neuen Hausgenossen beim Züchter abholen können. Vielleicht haben Sie vorher ein Kleidungsstück dort gelassen, damit es den Geruch der Welpen annimmt und dem kleinen Hund den Abschied erleichtert. Den gechipten/tätowierten Welpen auf dem Arm werden Sie dann wahrscheinlich unter Tränen des Züchters die Heimreise antreten. Vom Züchter bekommen Sie natürlich – außer allen guten Wünschen – den Impfpass, den Wurfabnahmebogen, etwas Futter für die erste Zeit, viele gute Tipps und Ratschläge und die Bitte, sich wieder zu melden, um zu berichten, wie es mit dem Zögling so geht. Tun Sie ihm den Gefallen.

Gute Planung ist wichtig

Sie sollten auch nicht ganz unvorbereitet sein und den „großen Tag" etwas planen. Auf jeden Fall sollten Sie genügend Zeit einplanen. Wenn Sie den Welpen mit dem Auto abholen, dann sollten Sie zu zweit sein, denn Sie können ja nicht fahren und gleichzeitig den kleinen Quälgeist auf dem Sitz ruhig halten. Am besten setzen Sie sich mit dem Welpen auf Ihrem Schoß auf den Rücksitz des PKW und lassen Ihre Begleitung das Steuer übernehmen. Dies ist der erste Schritt für den Aufbau einer guten Bindung zwischen Ihnen und dem neuen Familienmitglied. Außerdem können Sie auch gleich reagieren, falls es erforderlich wird. Sie sollten eine Unterlage, ein Handtuch und/oder Küchenrolle parat haben. Nicht alle Züchter prägen ihre Welpen auf das Autofahren und so kann es durchaus passieren, dass dem/der Kleinen bei dem ungewohnten Geschaukel etwas übel wird. Des Weiteren sollten Sie eine Leine und ein kleines Halsband mitführen, falls der/die Kleine einmal „Pipi-fein" muss. Etwas frisches Wasser und ein kleiner Napf sind selbstverständlich. Der Welpe sollte seine Fahrt in sein neues Zuhause möglichst nüchtern antreten, d.h. nicht unmittelbar zuvor gefüttert werden. Erfahrungsgemäß überstehen die kleinen Persönlichkeiten die Heimreise sehr gut. Als wir unsere Ridgeback-Hündin Missie aus Holland abholten, schlief sie sofort im Auto ein und hob nicht einmal den Kopf, auch wenn es durch Unebenheiten im Straßenbelag manchmal ordentlich rumpelte. Nach zwei Stunden hielten wir in einer ruhigen Wohngegend an, hoben sie sicher angeleint aus dem Auto, setzten sie ins Gras und sie machte sofort brav einen See. Danach konnten wir dann bis nach Hause durchfahren.

Übrigens habe ich im Laufe der Jahre die Erfahrung gemacht, dass Ridgebacks nicht wirklich unter dem Verlust ihrer Geschwister leiden. Ich hatte im Gegenteil den Eindruck, dass sie immer ganz froh waren, dem Gewusel der Meute entkommen zu sein und nun endlich das erhalten, was sie verdienen: die uneingeschränkte Aufmerksamkeit und Zuneigung der neuen Familie. Hunde sind nun einmal Egoisten und wissen genau, was sie zu tun haben, um sich ins rechte Licht zu rücken. Wenn man es etwas geschickt anstellt, wird der Einstieg in das neue Familienrudel relativ problemlos verlaufen.

Tipp

Wenn Sie noch sehr kleine lebhafte Kinder haben, sind diese am Abholtag am besten bei der Oma aufgehoben, damit im Auto nicht zu viel Unruhe entsteht, weil jeder den Welpen auf dem Schoß haben möchte.

Missie in ihrem neuen Zuhause. Erst einmal wird alles gründlich erkundet.

Die ersten Tage im neuen Zuhause

Erwarten Sie am Anfang nicht zu viel von dem Welpen, denn bis vor kurzem hat er noch im Rudel zusammen mit seiner Mutter und seinen Geschwistern gelebt, und nun wird er sich erst einmal an sein neues Zuhause gewöhnen müssen. Sein Züchter hat ihn in den ersten acht Wochen seines Hundelebens geprägt – nun ist es an Ihnen, das Beste daraus zu machen. Was sind schon acht – zwar sehr wichtige – Wochen gegen ein ganzes Hundeleben?

Zu Hause angekommen, lassen Sie den Welpen nach der mehr oder weniger langen Autofahrt sicherheitshalber noch einmal „Pipifein" machen und bringen ihn dann ins Haus. Dort geben Sie ihm am besten die Gelegenheit, dass er zunächst einmal alles gründlich untersuchen und abschnüffeln kann. Zeigen Sie ihm, wo er Wasser findet und wo sein Lager ist.

Am besten richten Sie ihm in jedem Zimmer, in dem Sie sich länger aufhalten, einen kleinen Platz ein, wohin er sich zurückziehen kann. Dieser Platz sollte warm und trocken und frei von Zugluft sein. Geben Sie diesen Orten einen Namen, z. B. „Hundeplatz", und

> **Tipp**
>
> *Durchaus freundlich gemeinte Empfangskomitees netter Nachbarn, Verwandter oder Freunde sollten sich mit dem Antrittsbesuch noch einige Tage gedulden, bis sich Ihr Welpe an das neue Zuhause und an Sie gewöhnt hat.*

„Bahn frei, ich komme!" Wirbelwind in Aktion.

sorgen Sie dafür, dass Ihr Welpe ungestört schlafen kann, wenn er sich dorthin zurückgezogen hat. Auch Kinder müssen diese Plätze respektieren und dürfen den Hund nicht belästigen. Der Welpe sollte wissen, dass er hier seine Ruhe hat und ihm nichts Negatives widerfährt. Aus diesem Grund sollte man auch niemals Behandlungen am Hund (z. B. Ohrensäubern, Zähneputzen, Fiebermessen) durchführen, wenn er sich auf seinen Platz zurückgezogen hat. Natürlich muss er sich schon anfassen lassen, wenn er auf seinem Platz liegt. Dies ist vor allem für den Notfall wichtig. Für einen gut sozialisierten Hund sollte dies aber kein Problem darstellen.

Die erste Nacht

Die erste Nacht verbringt Ihr neuer Hausgenosse am besten in einem großen Karton mit einer weichen kuscheligen Unterlage neben Ihrem Bett. Da dies die Bindung fördert und den Zusammenhalt des Rudels demonstriert, sollten Sie auch den ausgewachsenen Hund nachts in Ihr Schlafzimmer lassen. Bewährt hat es sich auch, den Welpen mit ins Bett zu nehmen. Es ist eine praktische Lösung für Menschen, die etwas bequem sind, da der Welpe sich erfahrungsgemäß bald vertrauensvoll an Sie kuschelt und bis zum nächsten Morgen durchschläft. Sie sollten allerdings daran denken, dass aus dem kleinen Ridgeback bald ein großer Ridgeback wird und dann der Platz im Bett knapp bemessen sein könnte. Wenn Sie also die Karton-Variante vorziehen, dann müssen Sie den Welpen rasch hinaustragen, wenn er dort nachts unruhig wird, da er bestimmt ein „Geschäft" zu erledigen hat.

Stubenreinheit

Ein Welpe muss anfangs nach dem Aufwachen und grundsätzlich nach jeder Mahlzeit hinausgetragen (!) werden. Setzen Sie ihn jedes Mal an die gleiche Stelle und loben Sie ihn überschwänglich, wenn er sein „Geschäft" gemacht hat. Sagen Sie auch irgendetwas wie z. B. „Mach einen See" oder „Pipi-fein". Ihr Hund wird dies bald verknüpfen und sich später auf Ihr Hörzeichen hin lösen.

Bevor ein Hund sich löst, dreht er sich manchmal eine ganze Weile im Kreis oder läuft aufgeregt hin und her. Deshalb sollten Sie den kleinen Ridgeback im Haus in den ersten Wochen möglichst unter Kontrolle haben, damit Sie bemerken, wann er nach draußen muss. Wenn trotzdem ein Malheur passiert ist, wischen Sie die Hinterlassenschaften einfach kommentarlos weg. Letztlich ist es Ihre eigene Schuld und Sie haben nicht aufgepasst! Schimpfen Sie also nicht mit dem Welpen oder maßregeln ihn, denn es dauert eine Weile, bis er körperlich dazu imstande ist, längere Zeit durchzuhalten oder sich zu melden, wenn er hinaus muss. Pfützchen können Sie mit alten Handtüchern aufsaugen und anschließend die Stelle mit Essigwasser reinigen.

Der Welpe braucht nun Ihre Nähe und Zuwendung – auch bei Nacht.

Haltung und Pflege

Allein bleiben

Niemand kann sich 24 Stunden am Tag und in der Nacht um seinen Hund kümmern und so muss der Hund lernen, auch eine gewisse Zeit allein zu sein. Wenn man es geschickt anfängt, sollte dies kein großes Problem darstellen, da auch Wolfswelpen vom Rudel allein gelassen werden, wenn die erwachsenen Wölfe z. B. auf die Jagd gehen. Am besten, Sie üben das in einer Phase, in der Ihr Hund sowieso müde ist, d. h. nach dem Spielen oder nach einem Spaziergang. Sie brauchen auch gar keine große Verabschiedungszeremonie zu veranstalten. Sagen Sie einfach: „Ich komme gleich wieder – schön warten", und gehen Sie dann kurz in ein anderes Zimmer, zum Mülleimer, in den Garten etc. Steigern Sie nach und nach den Zeitraum. Bleibt der Welpe ruhig und brav, ist es prima. Sollte er jedoch ein Konzert veranstalten oder an der Tür kratzen, sagen Sie von außen ein scharfes „Pfui" oder „Nein", gehen aber nicht zu ihm. Dies tun Sie erst, wenn wieder Ruhe eingekehrt ist. Jetzt können Sie ihn auch loben, aber veranstalten Sie bitte keinen Freudentanz. Dies tun die erwachsenen Wölfe, die zum Rudel zurückkehren auch nicht – sie würden sich damit eher lächerlich vor den Youngstern machen. Natürlich muss Ihr kleiner Welpe die Signale „Nein" oder „Pfui" vorher erst lernen.

Um Ihre Möbel vor dem Welpen und den Welpen vor den Gefahren eines Haushaltes (Stromkabel, Steckdosen usw.) zu schützen, hat sich auch ein Kinderlaufstall oder ein so genannter Zimmerkennel bewährt, in den man den Welpen vorübergehend setzen kann, wenn

> **Tipp**
>
> Lassen Sie Ihren Hund im Haus/Garten kein Halsband tragen. Die Gefahr, dass er irgendwo hängen bleibt und sich sogar stranguliert, weil er anschließend in Panik gerät, ist ziemlich groß. Zur Gewöhnung an das Halsband können Sie es ihm natürlich ab und zu anziehen, z. B. während des Fressens.

„Hey, lasst mich nicht allein!" Das Alleine bleiben muss langsam mit dem Welpen geübt werden.

Wohlig in eine Decke gewickelt sieht sich der Welpe auch bei kalter Witterung seine Umwelt mit großen Augen an.

er mal allein bleiben muss. Aber bitte: Dies ist nur für diesen Zweck gedacht und keine Dauerlösung. Viele Welpen nehmen z. B. einen offen stehenden Kennel auch gern als Hundeplatz und Schlafhöhle an und fühlen sich dort sehr wohl und geborgen. Wichtig ist, dass Sie ihn behutsam an all diese Dinge gewöhnen und er keine negativen Erfahrungen damit verknüpft.

Bewegung dem Alter entsprechend anpassen

Sie haben mit dem Rhodesian Ridgeback einen Laufhund erworben, der, wenn er ausgewachsen ist, eine Menge Bewegung benötigt. Wie sieht es aber mit einem Welpen aus? Zunächst einmal werden Sie feststellen, dass Ihr Zögling nicht gern von zu Hause fortgeht und schon gar nicht an der Leine. Nach dem Motto „my home is my castle" fühlt er sich zu Hause wohl und sicher und möchte diese Art der Geborgenheit nur ungern aufgeben. Nehmen Sie ihn für die ersten Spaziergänge zunächst auf den Arm und tragen Sie ihn ein Stück von zu Hause weg. Sie werden bemerken, dass es gleich viel besser geht, wenn Sie ihn später herunterlassen. Am besten ist es, Sie fahren ein kleines Stück mit dem Auto hinaus und lassen ihn, wenn keine Gefahren durch Autoverkehr oder Bahngleise drohen, frei laufen.

Hunde besitzen in den ersten Lebenswochen einen so genannten Folgetrieb und dieser wird dafür sorgen, dass sich Ihr Welpe nicht weit vom Rudel entfernt oder gar wegläuft. Wenn der kleine Ridgeback Sie und Ihre Stimme schon ein bisschen kennt, dann können Sie sich auch einmal hinter einem Baum verstecken, damit er Sie

„… und Tschüß". Beginnen Sie früh mit der Erziehung und nutzen Sie den Folgetrieb des Welpen aus. Sonst kann es leicht passieren, dass sich Ihr Ridgeback-Junghund sehr schnell verselbstständigt.

Wichtig

Beginnen Sie umgehend mit der Erziehung Ihres neuen Hausgenossen, damit das Zusammenleben später nicht zur Qual für alle Beteiligten wird. Dulden Sie bei dem kleinen süßen Welpen nichts, was Sie von einem erwachsenen Hund auch nicht wünschen. Machen Sie durch geduldige Konsequenz Ihrem kleinen Ridgeback klar, was Sie möchten und was nicht.

suchen muss. So lernt er, immer Ausschau nach Ihnen zu halten und auf Spaziergängen seine Aufmerksamkeit auch auf seinen Menschen zu legen. Sollte sich Ihr kleiner Hund doch einmal zu weit entfernt haben, dann laufen Sie nicht hinter ihm her. Dieses fasst er nämlich eher als supertolles Fang-mich-Spiel auf. Gehen Sie in die Hocke, damit Sie für Ihren Welpen kleiner und optisch weiter entfernt erscheinen und locken Sie ihn. Wenn er kommt, dann loben Sie ihn überschwänglich.

Machen Sie anfangs mehrere kurze Spaziergänge. Jede Überforderung ist fehl am Platz. Schön ist es, wenn er mit Artgenossen toben und dabei sein natürliches Bewegungsbedürfnis ausleben kann. Die Begleitung am Fahrrad, Pferd oder beim Joggen und Inlineskaten sollte nicht vor einem Jahr gefordert werden. Auch das Treppensteigen kann zum Problem werden, wenn Ihr Ridgeback eine Veranlagung für Gelenkkrankheiten besitzt. Tragen Sie ihn, solange Sie können, und lassen Sie ihn nicht unnötig oft Treppen im Haus hinauf- oder herunterlaufen. Ein Sicherheitsgitter an der Treppe kann dies wirksam verhindern.

Gesunde Ernährung

Ihr kleiner Ridgeback ist wahrscheinlich daran gewöhnt, drei- bis viermal täglich gefüttert zu werden. Ihr Züchter wird Sie für die ersten Tage mit dem Futter versorgt haben, das er auch bei ihm erhalten hat. Sollten Sie etwas anderes füttern wollen oder gar selbst kochen (siehe S. 46), so gewöhnen Sie den Welpen langsam und behutsam um, indem Sie zunächst das Futter miteinander mischen. Wenn der Hund etwas im Napf übrig lässt, ist dies ein Hinweis dafür, dass Sie zu viel gegeben haben. Dann sollte die nächste Mahlzeit kleiner ausfallen. Den Futternapf lässt man nie länger als zehn Minuten stehen. Hat der Hund in dieser Zeit nicht gefressen oder nicht alles aufgefressen, wird der Napf entfernt und Ihr Liebling muss bis zur nächsten Mahlzeit warten. Nach dem Fressen immer einen kleinen Kauknochen oder ein Stück hartes Brot geben, damit der Hund seinem Kaubedürfnis nachkommen kann und sich gleichzeitig damit die Zähne putzen kann.

Futtermenge bei Welpen

Über die Futtermenge kann man keine genauen Angaben machen. Auch die Herstellerangaben bei Industriefutter sind oft nur Richtwerte. Jeder Hund verwertet sein Futter anders. Ihr Welpe muss in jedem Fall eine „gute Figur" machen, d. h. die Rippen müssen zu sehen sein! Jedes Gramm zu viel belastet die Knochen, Bänder und Sehnen und kann zu schwerwiegenden Störungen des Knochenbaus wie HD, OCD (siehe S. 91) usw. führen.

Nach einiger Zeit können Sie dann dazu übergehen, nur noch dreimal bzw. zweimal am Tag zu füttern. Eine zweimalige Fütterungsweise sollten Sie auch beim erwachsenen Hund beibehalten.

Welpen sollten nicht zu schwer sein, damit die Gelenke nicht belastet werden.

FÜTTERUNGSREGELN

▸ Füttern Sie den Hund nie vor dem Spazierengehen und möglichst auch nicht vor einer längeren Autofahrt.

▸ Nach dem Fressen sollten Sie Ihrem Hund eine mindestens zweistündige Ruhepause gönnen.

▸ Frisches Wasser muss immer zur Verfügung stehen.

▸ Füttern Sie kein Schweine- und rohes Geflügelfleisch.

Und: Der Hund stammt vom Wolf ab! In freier Wildbahn gibt es keine festen Zeiten für die Einnahme der Mahlzeiten. Er nimmt keinen Schaden, wenn er sein Futter einmal ein paar Stunden später als üblich erhält oder gar eine Mahlzeit ausfällt.

Manchmal braucht es etwas Fingerspitzengefühl, bis man die richtige Ernährung für seinen Ridgeback gefunden hat.

Eine gesunde abwechslungsreiche Ernährung danken uns unsere Hunde mit einem gesunden, glänzenden Fell, mit Lebensfreude und Widerstandskraft.

Futterunverträglichkeit

Ihr Welpe wird in den meisten Fällen bei seinem Züchter mit einem sehr guten und hochwertigen industriell gefertigten Aufzuchtfutter ernährt worden sein. Manchmal wird diese Futtersorte ein Leben lang beibehalten und auch gut vom Hund vertragen, manchmal verweigert aber der Ridgeback irgendwann das industriell gefertigte Futter, verträgt es nicht mehr, reagiert allergisch oder hormonell übersteigert. Ridgebacks haben auch in dieser Beziehung noch sehr gute Instinkte und reagieren oft wie Seismografen auf unterschiedliche Futterqualitäten.

Alternativen zum Fertigfutter

Mitte der 90er Jahre suchte ich – von einer inneren Unruhe getrieben – nach Alternativen zum bisher gewohnten Hundefutter. Eigentlich gab es keinen Handlungsbedarf – meine Hunde waren in meinen Augen gesund und fit. Dass Balou einen Läufigkeitszyklus von vier bis fünf Monaten hatte, war zwar lästig, aber durchaus noch als „normal" zu betrachten. Die nach den Läufigkeiten auftretenden Symptome von Scheinschwangerschaft nahm ich als gegeben hin. Auch ab und zu auftretende Hautprobleme oder Durchfall brachte ich nicht mit dem Hundefutter in Verbindung.

Immer öfter beschäftigte ich mich mit der Ernährung des Hundes, las Bücher, tauschte mich mit anderen Hundehaltern und Tierärzten aus, wechselte die Futtersorten, hielt mich stundenlang im Zoofachhandel auf und verglich die Angaben über Inhaltsstoffe auf den Futtersäcken.

Selbst zubereitete Nahrung

An Fleisch waren meine Hunde von jeher gewöhnt, aber kochen und alles selbst zubereiten? Ist das nicht zu teuer, zu zeitaufwändig, ist das Risiko nicht zu groß, dass die Hunde nicht all das bekommen, was sie benötigen? Meine Unruhe wuchs und schließlich stellte ich den Futterplan komplett um. Kleine Hautprobleme bei Balou verschwanden nach kurzer Zeit, ihr Zyklus veränderte sich auf ca. 6 Monate. Den größten Erfolg jedoch hatte ich bei Pepper – meinem Tierheimhund. Pepper hatte anfangs einen ziemlich empfindlichen Magen/Darm. Sie schaffte es tatsächlich, 16 Mal (!) am Tag ein Häufchen zu machen, hatte schnell Durchfall oder erbrach sich. Mit der Futterumstellung waren diese Symptome schlagartig verschwunden.

Seit nunmehr fast 15 Jahren wird also für die Hunde gekocht. Seitdem gibt es keine Hautprobleme mehr, keine Zyklusstörungen, keine Scheinschwangerschaften, keinen Durchfall, keinen Zahnstein usw. Weitere angenehme Begleiterscheinungen sind, dass die Hinterlassenschaften wesentlich kleiner ausfallen, und dass keine unangenehmen Gase entstehen. Auch das Risiko der gefürchteten Magendrehung wird durch die „Hausmannskost" minimiert, da der

Magen durch Weiterquellen des Fertigfutters nicht belastet ist. Ich habe niemals Angst, wenn unsere Hunde direkt nach dem Fressen anfangen, wie die Wilden herumzutoben.

Heute bin ich sogar davon überzeugt, dass man einen Wurf mit selbst zubereiteter Nahrung großziehen kann. Viele der Aufzuchtfutter, die auf dem Markt angeboten werden, haben einen zu hohen Energiegehalt. Hohe Proteinwerte führen dazu, dass Welpen sehr schnell wachsen und es zu einem Missverhältnis von Knochenwuchs, Muskeln, Bändern und Sehnen kommen kann. Dies wiederum begünstigt die Entstehung von Krankheiten wie z.B. HD, oder trägt zur Verschlimmerung einer bereits vorhandenen Gelenkschwäche bei.

Verlockend, so ein Erdbeertörtchen. Aber ganz gewiss nichts für einen Hund. Dagegen sind frische Erdbeeren mit Quark eine richtige Delikatesse – nicht nur für Hunde.

Hundemahlzeit einmal anders. Die frischen Zutaten schmecken nicht nur, sie sind auch sehr gesund.

Abwechslungsreiche Ernährung

Ich bin oft gefragt worden, ob ich nicht Angst hätte, dass die Hunde – und gerade die Welpen – fehlernährt werden könnten. Aber ernähren wir uns jeden Tag optimal? Bestimmt nicht. Wichtig ist, dass das Futter ausgewogen und abwechslungsreich ist. Dafür gibt es folgende Faustregel:

- Verhältnis erwachsener Hund = $1/3$ Fleisch, $1/3$ Gemüse, $1/3$ Getreide
- Verhältnis Welpe/Junghund/trächtige Hündin = $1/2$ Fleisch, $1/4$ Gemüse, $1/4$ Getreide + Calcium (besser: Fleischknochenmehl)
- Morgens gibt es Müsli (ohne Zucker und Rosinen), das eine Weile in heißem Wasser gequollen wird. Dazu Obst je nach Saison (Äpfel, Bananen, Erdbeeren, Himbeeren etc.), Honig, Bierhefe und im Wechsel Quark, Hüttenkäse oder Joghurt plus einen Schuss Sonnenblumenöl.
- Abends gibt es Fleisch (Innereien, Lamm, Rind, Pferd) oder Geflügel bzw. Fisch. Dazu gedünstetes Gemüse (Möhren, Lauch, Brokkoli, Blumenkohl, Spinat etc.), frische Kräuter und Vollkornnudeln, Reis oder Kartoffeln plus einen Schuss Distelöl oder Olivenöl (damit das Gemüse aufgeschlossen werden kann). Ab und zu ein Eigelb.
- Nach jeder Mahlzeit gibt es einen Kauknochen oder ein Stück hartes Brot zum Zähneputzen und damit das Kaubedürfnis befriedigt werden kann.

Der Zeitaufwand für selbst zubereitetes Futter ist vielleicht etwas höher, aber die Hunde werden es einem danken. Außerdem entwickelt man im Laufe der Zeit Praktiken, die die Zubereitung fast zur Nebensache werden lassen (siehe Rezeptidee).

Wenn man seinen Hund auf eine andere Fütterungsweise umstellt, muss man sehr behutsam vorgehen. Immer vorsichtig testen, ob der Hund das Futter verträgt oder nicht.

REZEPTIDEE

Ein Huhn in einen Topf mit Wasser geben und kochen, dann das Huhn herausnehmen, in der Brühe nun erst Gemüse garen und dann Nudeln oder Reis darin quellen lassen – fertig! Je nachdem, wie viele „Mäuler" man zu stopfen hat, reicht das für zwei bis drei Tage, oder man portioniert es und friert es ein.
Ist man mit seinem Hund auf Reisen, kann man getrost in Hotels oder Gaststätten nach etwas Gemüse, Reis und Fleisch für den Hund fragen und den Napf in die Küche reichen. Das Personal war in unserem Fall immer gern bereit, den Napf zu füllen – Geld wollte man dafür jedoch niemals annehmen, man war im Gegenteil angenehm überrascht, dass es noch Menschen gibt, die ihren Hunden wertvolle Tischabfälle zu fressen geben.

Richtige Pflege

Fellpflege

Aufgrund seines kurzen Haarkleides ist ein Rhodesian Ridgeback prinzipiell unproblematisch, was die Fellpflege angeht. Man könnte meinen, das Fell besitzt eine Form von Selbstreinigungseffekt, denn oft ist der Hund schon wieder sauber, wenn man nach einem Spaziergang auf dem Weg nach Hause ist. Dennoch sollte man regelmäßig zur Bürste greifen. Körperpflege tut dem Hund gut, ist gleichzeitig eine Gehorsamsübung und festigt die Bindung zwischen Mensch und Hund. Um das kurze Fell des Ridgebacks zu bürsten, benutzt man am besten einen Gummistriegel oder Noppenhandschuh, wie man ihn auch für Pferde kennt. Abgestorbene Hautschuppen und Fellreste können damit leicht entfernt werden, und das Fell erstrahlt durch die angeregte Talgproduktion wieder in neuem Glanz.

Gröberen Schmutz entfernt man am besten mit einer so genannten Waschbürste, die relativ starke Borsten hat. Waschen oder gar baden sollte man seinen Hund nur im äußersten Notfall – falls sich eventuelle unangenehme Gerüche nicht anders entfernen lassen. Hierbei sollte unbedingt ein mildes spezielles Hundeshampoo verwendet werden. Präparate, die für Menschen hergestellt wurden, eignen sich jedenfalls nicht für Tiere. Ein nasser Hund, ob nach einem Regenguss oder einem Bad, muss die Gelegenheit bekommen, wieder trocken zu werden – gerade in der kalten Jahreszeit. Entweder muss er sich so lange bewegen, bis das Fell wieder trocken ist oder er muss abfrottiert werden. Ich habe für solche Fälle immer ein großes ausrangiertes Frotteebadetuch im Auto. Wenn der Hund gezwungen ist, mit nassem Fell bewegungslos in der Kälte auszuharren, können Erkältungen, Blasen- oder Nierenerkrankungen die Folge sein.

Es gibt durchaus Ridgebacks, die gerne ins Wasser gehen und darin ausgiebig toben.

Reinigen der Ohren

Die Ohren müssen regelmäßig kontrolliert werden und das äußere Ohr kann mit einem feuchten oder mit Babyöl getränkten Tuch vorsichtig ausgewischt werden. Dabei ist darauf zu achten, dass man nicht zu weit in den Gehörgang eindringt – Vorsicht! Verletzungsgefahr! Bitte auch keine Q-Tipps benutzen. Zu schnell können durch ruckartige Bewegungen des Hundes dabei Verletzungen entstehen.

Wenn man den Behang des Hundes aufklappt, sollte die Haut eine leicht rosa Farbe aufweisen. Rote Verfärbungen, Schorf, üble Gerüche oder zu viel Ohrenschmalz können ein Anzeichen von Entzündungen sein. Oft tritt dabei gleichzeitig ein Schütteln oder Schiefhalten des Kopfes auf. Sollte Ihr Ridgeback diese Symptome zeigen, muss unbedingt der Tierarzt aufgesucht werden.

Ridgebacks haben kräftige und strapazierfähige Pfoten.

Krallen und Pfoten

Normalerweise laufen sich die Krallen regelmäßig ab und müssen nicht geschnitten werden. Wenn Ihr Ridgeback jedoch in der Hauptsache auf weichem Untergrund, Waldboden oder Feldwegen läuft, kann es passieren, dass die Krallen zu lang werden und die Pfoten nicht mehr gleichmäßig den Boden berühren. Dadurch können wiederum Fehlstellungen entstehen, die sich sogar auf den Bewegungsapparat auswirken können. Dann müssen wir als Mensch nachhelfen und die Krallen etwas stutzen. Dabei wird mit einer so genannten Krallenschere nur vorn die Spitze vorsichtig gekappt. Auch Krallen haben „Leben", d.h. bestehen aus Nerven und Blutgefäßen! Deshalb Vorsicht beim Krallenschneiden.

Bereits der junge Ridgeback sollte an diese Prozedur gewöhnt werden, damit er das auch duldet, wenn er später ausgewachsen ist. Manche Ridgebacks haben nämlich ein Problem, sich an den Pfoten anfassen zu lassen, und reagieren sehr empfindlich auf Berührungen derselben. Wenn Sie sich das Krallenschneiden selbst nicht zutrauen, überlassen Sie es ruhig beim nächsten Gesundheitscheck dem Tierarzt.

Im Winter sollten Sie auch die Pfoten Ihres Hundes regelmäßig kontrollieren und darauf achten, dass Ihr Ridgeback möglichst wenig auf Wegen läuft, die mit Tausalz abgestreut worden sind. Auch Kälte und Nässe können den ansonsten strapazierfähigen Ballen zu schaffen machen. Am besten wäscht man nach dem Spaziergang die Pfoten zu Hause mit lauwarmem Wasser ab und cremt sie anschließend mit etwas Melkfett oder Ringelblumensalbe ein. Bewährt hat sich dafür auch Ballistol-Öl.

Zähne

An eine Zahnkontrolle sollte bereits der junge Ridgeback gewöhnt werden. Insbesondere während des Zahnwechsels kann es manchmal Probleme geben, z. B. wenn ein Milchzahn nicht dem bleibenden Zahn weichen will oder das Zahnfleisch entzündet ist. In diesen Fällen muss der Tierarzt Abhilfe schaffen.

Wichtig für gesunde Zähne und gesundes Zahnfleisch ist, dass der Hund regelmäßig harte Gegenstände erhält, die er kauen muss, zum Beispiel Kauknochen, hartes Brot, Ochsenziemer usw. Das befriedigt zum einen sein Kaubedürfnis und beugt zum anderen Zahnstein vor. Sollte Ihr Ridgeback dennoch zur Bildung von Zahnstein neigen, muss dieser regelmäßig entfernt werden. Zu diesem Zweck bietet die Industrie verschiedene Produkte für den Hund an. Es gibt Hundezahnbürsten, Zahncreme mit leckeren Geschmacksrichtungen oder auch Gummihülsen, die man sich über den Zeigefinger ziehen kann, um damit die Zähne des Hundes zu bearbeiten.

Bei üblem Mundgeruch und erheblicher Zahnsteinbildung muss ebenfalls der Tierarzt Abhilfe schaffen. In hartnäckigen Fällen können diese Symptome auch ein Hinweis auf innere Erkrankungen sein.

Augen

Die Augen Ihres Ridgebacks sollten immer einen klaren und glänzenden Ausdruck haben. Am Morgen kann sich in den Augenwinkeln etwas Sekret gebildet haben, das man am besten mit einem weichen leicht angefeuchteten Tuch entfernt. Alle Abweichungen, z. B. Rötungen, gelblicher Ausfluss und vermehrte Tränenflüssigkeit, müssen unbedingt dem Tierarzt gezeigt werden. Hier kann es sich eventuell um eine Entzündung der Bindehaut handeln oder sogar um eine Verletzung. Zur Linderung wird manchmal das Hausmittel Kamille empfohlen. Augen sollten jedoch keinesfalls mit Kamille in Berührung kommen, da die feinen Kamillefasern das empfindliche Auge noch mehr reizen würden!

Diesen Augen entgeht nichts.

Hunde sind Rudeltiere

So individuell wie wir Menschen wohnen und eingerichtet sind, so viele verschiedene Möglichkeiten gibt es auch für den Ridgeback, häuslich eingerichtet zu sein. Die Industrie tut ein Übriges und bietet rund um den Hund eine riesige Auswahl an Zubehör an – manches ist sinnvoll, anderes wiederum weniger.

Dabei sein ist alles

Immer wieder wird von Ridgeback-Interessierten die Frage gestellt, ob speziell diese Rasse für die Zwingerhaltung geeignet ist.

Meines Erachtens kommt eine ausschließliche Zwingerhaltung grundsätzlich für keinen Hund in Frage. Zwinger bedeutet für mich: „zwingen", d.h. der Mensch zwingt den Hund dazu, sich in einem extra dafür vorgesehenen eingezäunten Pferch aufhalten zu müssen. Der Hund hat keine Wahl – er muss dort ausharren. Er ist vom Wohlwollen seiner Menschen abhängig.

Allein das kurze Fell mit der wenigen Unterwolle des Ridgebacks ist es also nicht, es ist schon eher die Psyche, die leidet. Ridgebacks wollen dabei sein, ganz gleich, ob es kalt oder warm, gemütlich oder ungemütlich ist. Natürlich lieben sie es eher gut temperiert, aber das ist eine Frage der Gewöhnung. Unsere Hunde sind immer da, wo ich bin. So haben sie in jedem Raum, wo ich mich länger aufhalte, einen bequemen Liegeplatz. Sitze ich am Schreibtisch, liegen um mich herum drei Hunde, im Wohnzimmer darf es am Abend auch einmal zum Kuscheln die Couch sein (man wundert sich übrigens, wie klein ein Ridgeback sich zusammenfalten kann) und im Schlafzimmer schlafen sie neben dem Bett in ihren Körben auf einem dicken

> **Wichtig**
>
> *Bezüglich der Haltung eines Ridgebacks ist es wie so oft im Leben: Nicht die Extremform ist anzustreben, sondern es sollte möglichst die „goldene Mitte" angepeilt werden.*

Ridgebacks lieben es gemütlich.

Schaffell. Zusätzlich wird unsere Älteste im Winter nachts auch noch zugedeckt.

Wenn die Gartensaison eröffnet ist, haben die Hunde Liegeplätze im Schatten und in der Sonne, damit sie nach Belieben wechseln können.

Ansonsten begleiten sie mich tagsüber fast überallhin – bei Wind und Wetter. Ich bin jeden Tag mehrere Stunden im Reitstall und kümmere mich um mein Pferd. Da sich die Hunde dort nicht so kontinuierlich bewegen wie z. B. auf einem Spaziergang, bekommen sie bei kaltem oder extrem feuchtem Wetter eine Thermodecke übergezogen. Darin fühlen sie sich sichtlich wohl und stecken schon freiwillig ihre Köpfe durch die Öffnung, um angezogen zu werden. Dies hat nichts mit Vermenschlichung zu tun, sondern mit der Fürsorgepflicht, die wir gegenüber unseren Schützlingen haben.

Ridgebacks sind gerne mit ihrem Rudel zusammen – auch wenn es sich dabei um das Menschenrudel handelt. Wann immer es möglich ist, sollte man seinen Hund mitnehmen. Ein gut erzogener Ridgeback ist ein angenehmer Begleiter und wird kaum Probleme bereiten. Allerdings muss man ein wenig mit den ridgebacktypischen Eigenarten vertraut sein. Ein Beispiel: Sie weisen bei einem Besuch Ihrem Hund einen Platz zu, wo Sie seine Decke hinlegen, damit er sich dort ablegen kann. Aber Ihr Liebling will sich partout nicht dorthin begeben und gibt keine Ruhe. Erst wenn seine Decke unmittelbar zu Ihren Füßen liegt, kann er sich zufrieden dort zusammenrollen und stundenlang brav sein.

Tipp für die Mitnahme im Auto: Lassen Sie Ihren Hund niemals im Sommer im Auto zurück. In relativ kurzer Zeit kann sich das Fahrzeug extrem aufheizen – auch wenn es zunächst im Schatten gestanden hat, so dass ein zurückgelassener Hund dabei ernsthaft in Lebensgefahr kommen kann.

1 „Komm, lass uns kuscheln!"

2 Ridgebacks suchen Wärme und Nähe ...

3 ... und sind gern mit anderen Hunden zusammen.

Die Mehrhundehaltung sollte man sich gut überlegen. Nicht nur das Auto wird schnell zu klein.

Der Trend zum Zweit-Ridgeback

Viele Ridgeback-Besitzer hegen nach einiger Zeit – weil völlig infiziert – den Wunsch nach einem Zweit-Ridgeback oder gar einem ganzen Rudel. Ein weiterer Ridgeback ist sicher eine Bereicherung, denn alles kann man als Mensch seinem Hund einfach nicht bieten, was ein anderer Hundekumpel kann. Optimal wäre es, wenn man bereits einen etwas älteren, gut erzogenen Ridgeback hat, denn der Youngster guckt sich natürlich vieles vom Alttier ab – allerdings nicht nur die guten Eigenschaften.

Einige Dinge sollten in jedem Fall gut überlegt sein:
- Ist das Auto groß genug?
- Können die Mehrkosten für Futter, Tierarzt usw. aufgebracht werden?
- Bin ich mir darüber im Klaren, dass zwei oder mehr Hunde weniger gut in Pension zu geben oder mit in den Urlaub zu nehmen sind?
- Weiß ich, dass zwei Ridgebacks bereits ein Rudel darstellen und gemeinsam zum Halali blasen, andere Hunde mobben oder Jogger jagen können?

Tipps zur Mehrhundehaltung

Ideal sind folgende Kombinationen:
Rüde/Hündin als Zuchtpaar
Rüde/Hündin, wobei mindestens einer kastriert sein sollte.
Möglich ist: Rüde/Hündin verwandt und/oder unkastriert, wenn man die Möglichkeit hat, beide während der Läufigkeit lange genug zu trennen. Hier ist – um ungewollte Deckakte zu vermeiden – eine räumliche Trennung unbedingt erforderlich! Organisatorisch ist dies jedoch in der Realität schwer durchführbar, wie die Praxis ungewollter Deckakte immer wieder beweist.

Das gleichgeschlechtliche Paar

Von gleichgeschlechtlichen Kombinationen rate ich persönlich, besonders bei „Anfängern", eher ab. Sowohl bei Rüden als auch bei Hündinnen kann es im Zusammenleben dazu kommen, dass die Rangordnung in Frage gestellt wird. Bei Hündinnen tritt diese Problematik bedingt durch die Läufigkeiten meines Erachtens häufiger auf. Aufgrund des genetisch bedingten Fortpflanzungswillens wird jede andere Hündin als absolute Konkurrentin angesehen. Die Kastration einer oder beider Hündinnen kann in diesem Fall hilfreich sein. Kämpfe innerhalb eines Hündinnen-Rudels können recht unerbittlich und ernst sein. Je ernster die Situation, desto lautloser wird gekämpft. Wenn es zwischen zwei Hündinnen erst einmal dazu gekommen ist, kann man sie später meist nicht mehr zusammenlassen.

Wichtig

Gute Voraussetzung für die Basis einer Rudelhaltung ist auf jeden Fall die absolute Alphastellung des Menschen und eine konsequente Erziehung jedes einzelnen Hundes – nur dann funktioniert es in der Gruppe.

GRUNDREGELN FÜR DIE HALTUNG VON GLEICHGESCHLECHTLICHEN HUNDEN

- Man wähle zwei Tiere aus, die charakterlich unterschiedlich sind (das stellt sich aber möglicherweise erst später heraus).

- Die Anschaffung eines „Zweit-Ridgebacks" sollte möglichst lange hinausgeschoben werden. Je größer der Altersunterschied, desto weniger Probleme! Das kann allerdings dazu führen, dass man dem jüngeren Hund bald nicht mehr gerecht werden kann, wenn der „Alte" nicht mehr mithalten kann.

- Die bestehende Rangordnung muss vom Besitzer unterstützt werden. Begrüßt, gefüttert wird immer der Ranghohe zuerst. Ins Auto steigt der Rangniedrige zuerst ein!

- Die Hunde sollten nicht für einen längeren Zeitraum getrennt werden, da es anschließend zu einer Neufestlegung der Rangordnung kommen kann.

- Ein aus den Fugen geratenes wildes Spiel kann schnell „umkippen" und ernst werden. Dies sollte vom Besitzer erkannt und abgebrochen werden.

- Nie einen Hund im Beisein des anderen bestrafen, besonders wenn der „Alte" zur Ordnung gerufen werden muss. Sogleich hätte man unter Umständen in dem jüngeren Hund einen Verbündeten, der seine Chance sieht, im Rang aufzusteigen.

- Der Halter mehrerer Hunde sollte sich unbedingt mit der Kommunikation und dem Ausdrucksverhalten von Hunden und Wölfen beschäftigen, damit er das Miteinander seiner Hunde deuten und richtig einschätzen kann, um gegebenenfalls rechtzeitig eingreifen zu können.

Für Welpen ist es wunderbar, wenn sie sich an einem älteren Hund orientieren können. Für den Besitzer ist es nur angenehm, wenn dieser gut erzogen ist.

Rudelstrukturen

Die „Alphatiere"

Um in dieses Thema einzusteigen, muss man sich zunächst die Struktur in einem natürlich gewachsenen Wolfsrudel vorstellen. Dort gibt es einen Alpha-Wolf und eine Alpha-Wölfin. Erwähnenswert ist noch der Beta-Rüde und ein Omega-Tier, der so genannte Prügelknabe. Die beiden Alphas haben innerhalb des Rudels ganz bestimmte Privilegien und Aufgaben. Der Alpha-Rüde z. B. führt das Rudel zur Jagd, verteilt die Aufgaben und verteidigt nach außen. Er ist der Agitator des Rudels. Als Einziger darf er die Alpha-Wölfin decken, um für Nachwuchs zu sorgen. Ein weiteres Privileg, das er für sich in Anspruch nimmt, ist die Reservierung ganz bestimmter Liegeplätze. Seine Führungsposition unterstreicht er mit Souveränität und natürlicher Autorität. Welpen haben bei ihm oft „Narrenfreiheit". Er straft zu aufdringliches Verhalten mit absoluter Ignoranz.

Der „Beta- und Omega-Wolf"

Der Beta-Wolf hat eine ziemlich unangenehme Position im Rudel. Er steht sozusagen „zwischen den Stühlen". Dem Alpha gegenüber devot, den anderen gegenüber resolut bis aggressiv verteidigt er seine Position. Kommt es zu einer „Meuterei" im Rudel, schlägt er sich blitzschnell auf die Seite der Meuterer, um den Alpha zu kippen und dessen Position einzunehmen, um damit sicherzustellen, dass seine eigenen Gene sich weitervererben.

Der Omega ist der Prügelknabe im Rudel. Er wird gemobbt, wo es nur geht, und manchmal ist er sogar dazu gezwungen, das Rudel zu verlassen.

Zwischen diesen benannten Positionen gibt es eine Reihe von Jungtieren und Adulten, die untereinander eine gewisse Hierarchie bilden und ggf. auch versuchen, sich nach „oben" zu arbeiten. Dank der ausgesprochen gut funktionierenden Kommunikation untereinander gibt es selten Ernstkämpfe. Viele Unstimmigkeiten werden mit Drohen und Unterwerfen geregelt. Ein Ernstkampf ist übrigens immer lautlos und es wird gezielt mit Tötungsabsicht gebissen. Diese Situation kommt aber nur äußerst selten vor.

Der Blick ins Hunderudel

Fast alles, was wir vom Verhalten der Wölfe kennen, findet sich auch bei unseren Hunden wieder. Das erste Handicap bei einem Hunderudel ist allerdings, dass es sich in der Regel nicht um ein natürlich gewachsenes Rudel handelt. Wie immer hat der Mensch eingegriffen und für seinen Liebling noch einen Spielgefährten angeschafft...

Gehen wir einmal von dem Fall aus, dass ein Hundebesitzer zwei Hündinnen hält, unter Umständen sogar Mutter und Tochter. Nun möchte er eine der beiden Hündinnen decken lassen und es klappt nicht. Entweder lässt sie erst gar keinen Rüden an sich heran oder wird nicht tragend. Haben Sie sich schon einmal überlegt, woran das liegen könnte? Diese Hündin ist mit Sicherheit im Rang nicht höher als die zweite Hündin und vermeidet Stress damit, dass sie keinen Nachwuchs produziert, denn dieses Recht hat nur die Alpha-Hündin. So wurde z. B. meine Hündin Balou erst tragend, als ihre ranghöhere Mutter nicht mehr fortpflanzungsfähig (= kastriert) war. Umgekehrt kann man natürlich ähnliches Verhalten bei zwei zusammenlebenden Rüden vorfinden.

1 In einem gemischten Rudel,

2 in dem die Tiere ziemlich gleichrangig bzw. gleich alt sind,

3 ist mal der eine und...

4 ...mal der andere der Gejagte.

Einem souveränen Menschen, der weiß was er will, schenken Ridgebacks gerne ihre Aufmerksamkeit.

Die Frage des Ranges

Wie können wir als Mensch mit der uns eigenen Kommunikation nun unserem Hunderudel signalisieren, dass wir der „Alpha" sind? Ganz einfach: Wir tun das, indem wir souverän sind, immer den Überblick behalten und ignorieren, was uns nicht gefällt. Das ist aber leichter gesagt als getan! Ich bin auch nicht in jeder Beziehung souverän, ich habe auch nicht immer den Überblick und das, was mir nicht gefällt, kann ich nur schwer ignorieren. Hunde sind ungeheuer anpassungsfähig und kommen mit unseren menschlichen Schwächen ganz gut zurecht. Hat man allerdings ein dominantes Tier der Gattung *Canis familiaris* erwischt, kann es passieren, dass dieses schamlos unsere Schwäche ausnutzt und selbst die Führungsrolle übernimmt.

Fehler bei der Integration eines neuen Hundes

Als Hundehalter mit nur einem Hund mag es unter Umständen niemals dazu kommen, dass die Frage des Ranges geklärt werden muss. Hat man allerdings mehrere Hunde, ist die Wahrscheinlichkeit ziemlich groß, dass es irgendwann Probleme gibt. Deshalb: „Wehret den Anfängen!" Der erste Fehler wird aus Unkenntnis meist schon bei der Integration eines neuen Rudelmitgliedes gemacht, sofern es sich um einen Welpen als Neuzugang handelt. Man beschützt und tröstet den Kleinen, wenn er vom Alttier reglementiert wird. Wie aber soll so der Welpe lernen, sich unterzuordnen und die Privilegien des Alttieres zu respektieren? Bei uns ging das ganz schnell, als unsere Jüngste in das Rudel kam. Die „Alte" hat ihr unmissverständlich zu verstehen gegeben, dass ihr Futternapf und ihr Liegeplatz tabu sind, dass z. B. im Auto nicht herumgezappelt wird und man sich immer schön klein macht, wenn man am Alpha vorbei will. Wir haben sie in dieser Hinsicht vertrauensvoll gewähren lassen, auch wenn dabei zweimal etwas Blut geflossen ist und es ein Löchlein im Ohr gab. Diese Lektionen waren aber derart lehrreich und einprägsam für die Kleine, dass sich ähnliche Situationen nie mehr wiederholt haben. Alpha hat sich damit (hoffentlich) bis in die Steinzeit Respekt verschafft, wird von dem neuen Familienmitglied geachtet und als Chefin akzeptiert.

Agieren statt reagieren

Für uns als Mensch ist es wichtig, dass wir uns mit der Kommunikation der Vierbeiner vertraut machen, um bestimmtes Verhalten ggf. richtig einordnen zu können. Wann wird es brenzlig, wann muss ich eingreifen, wann wird aus Spiel Mobbing? Des Weiteren sollte man sich mit dem Leben innerhalb eines Wolfsrudels auseinandersetzen und daraus Erlerntes umsetzen. Ich möchte Ihnen einige Tipps geben, wie wir als Mensch den souveränen Alpha „heraushängen" lassen können: Der Mensch muss mehr agieren als reagieren. Fragen Sie sich einmal, wie oft Sie innerhalb eines Tages auf Ihren Hund und seine „Wünsche" eingehen. Er steht an der Terrassentür und möchte hinaus – Sie stehen auf und öffnen. Es geht auch anders: Sie schicken ihn wieder auf seinen Platz, warten kurz und gehen dann zur Tür, rufen den Hund, öffnen und lassen ihn hinaus. Das Gleiche gilt für Spielaufforderungen, Bescheid sagen, dass Futterzeit ist usw. Gehen Sie vor Ihren Hunden durch Türen/Tore, Treppen hinauf oder hinunter, lassen Sie sich dabei nicht überholen! Üben Sie das auch auf Spaziergängen, indem Sie die Hunde eine Weile hinter sich gehen lassen. Veranlassen Sie Ihren Hund aufzustehen und beiseite zu gehen, wenn er im Weg liegt. Lassen Sie nicht Ihren Hund entscheiden, ob er auf die Couch möchte – das bestimmen allein Sie. Diskutieren Sie nicht mit Ihrem Hund: „Ich habe dir doch schon 100-mal gesagt…", er versteht besser: „Nein", „Komm"… – das heißt nicht, dass Sie nicht mit ihm reden sollen.

Wird hier gespielt oder gemobbt? Es ist nicht immer einfach, die Situation richtig zu deuten.

> **Wichtig**
>
> *Eine alte Indianerweisheit besagt: Es gibt Häuptlinge (= Alphas) und Führer. Führer ernennen sich selbst dazu, weil sie gern Macht ausüben wollen, aber Häuptlinge werden gewählt, weil sie über besondere Eigenschaften verfügen, die für die gesamte Gruppe von Nutzen sind.*

Trainieren Sie jeden einzelnen Hund im Gehorsam und bringen Sie ihm die wichtigsten Dinge bei, damit Sie sicher sein können, dass Ihnen das Rudel nicht über den Kopf wächst. Mancher Mensch hat ja schon mit einem Hund genug zu tun.

Eine wahre Geschichte aus dem Rudelalltag

Es war der erste gemeinsame Wahlsonntag im November 1991 nach der deutsch-deutschen Wende. Wir fuhren – wie immer begleitet von Dusty und Balou – nach Frankfurt/Oder, um Verwandte zu besuchen.

Es war ein klarer kalter Tag und nach dem Mittagessen beschlossen wir, unsere Verwandten bei ihrem Wahlgang zu begleiten und damit gleich einen Spaziergang mit unseren Ridgebacks zu verbinden. Dusty und Balou liefen unangeleint brav neben uns. Balou war damals eindreiviertel Jahre alt, groß und kräftig mit dem ridgebacktypischen Temperament, mit dem sie es immer wieder schaffte, ihre Mutter Dusty zum gemeinsamen Toben zu animieren.

Unsere Verwandten verschwanden für eine ganze Zeit im Wahllokal, den Hunden wurde es langweilig und sie begannen zu spielen. Das Spiel steigerte sich bald in eine wilde Toberei – mal lag die eine am Boden, mal die andere. Bei diesem „Handgemenge" müssen sich Balous große Fangzähne in Dustys schmalem geflochtenem Leder-

Lassen Sie Hunde immer nur ohne Halsband spielen, denn schnell hat sich ein Zahn darin verhakt und es kann zu schwerwiegenden Verletzungen kommen.

halsband verfangen haben. Das Band drehte sich mehrmals um Balous Unterkiefer und blieb dort fest sitzen.

Das Halsband schnürte Dustys Hals unmittelbar hinter den Ohren zusammen und ließ keinerlei Spielraum mehr, um es irgendwie lockern zu können. Ich weiß nicht, wie viel Zeit so verging. Die Passanten vor dem Wahllokal verkannten die Situation: Sie dachten, es sei eine Beißerei im Gange. Balou versuchte verzweifelt loszukommen, so dass das Band Dusty immer weiter den Atem abschnürte. Irgendwann gab das Leder nach und das Band riss; es war wohl durch den Gebrauch schon etwas brüchig geworden. Balou kam frei und lief davon.

Dusty fiel einfach um, blutend aus Nase und Fang, die Zunge hing blau verfärbt aus dem Fang und die Augen waren weit aufgerissen, ohne jedoch zielgerichtet zu blicken. Sie begann sich zu entleeren und setzte Kot und Urin ab. Ich kniete neben meiner leblosen Dusty. Völlig instinktiv begann ich, ihren Brustkorb zu bearbeiten und rief dabei immer wieder laut ihren Namen: „Dusty, Dusty…" Ich drückte automatisch in regelmäßigen Abständen mit aller Kraft auf ihren Brustkorb, die Tränen rannen mir über das Gesicht, ich registrierte weder die Ansammlung von Schaulustigen, noch dass ich inmitten von Dustys Exkrementen kniete. Meine Umgebung nahm ich überhaupt nicht mehr wahr, sah alles wie durch einen Schleier, auch das Zeitgefühl hatte ich gänzlich verloren – ich musste den Hund ins Leben zurückholen. „Du darfst nicht sterben – atme, atme…"

Ich weiß nicht, wie viel Zeit vergangen war, als sich Dustys müder Kopf endlich hob und sie mich mit ungläubigen Augen ansah. Mir stockte der Atem, ich hatte es geschafft! Nach ein paar Minuten rappelte sie sich hoch, schüttelte sich und trottete neben uns, die wir alle noch ganz sprachlos waren, nach Hause. Balou, die sich inzwischen auch wieder eingefunden hatte, leckte fortwährend Dustys Fang, so als wenn sie sagen wollte: „Ich wollte das ganz bestimmt nicht und es kommt auch nie wieder vor!" Eng aneinander gekuschelt schliefen die beiden ein. Der Schreck saß uns noch wochenlang in den Gliedern und ich schwor mir: Nie wieder tragen meine Hunde beim Spielen ein so schmales Halsband, das sich verdrehen kann.

Ich stellte natürlich Dusty noch unserem Tierarzt vor. Er meinte, ich hätte wohl das einzig Richtige getan und Dusty mit meiner instinktiven Wiederbelebung das Leben gerettet. Spätfolgen durch die Unterbrechung der Sauerstoffzufuhr zum Gehirn sind glücklicherweise bei Dusty nie aufgetreten.

Wenn Ridgebacks miteinander spielen und toben, geht es oft sehr ungestüm und wild zu. Um Gefahren zu minimieren, muss man als Ridgeback-Besitzer sehr umsichtig und vorausschauend denken und gegebenenfalls in ein Spiel eingreifen, wenn es droht, aus dem Ruder zu laufen.

Wer will mit mir spielen?

Das Spiel zwischen Hunden kann von Menschen nicht ersetzt werden.

Ausbildung

Geduld und Konsequenz

Wenn Sie Ihren Welpen ein paar Tage zu Hause haben, er seinen Namen kennt und sich an Ihre Stimme gewöhnt hat, können Sie schon langsam mit den ersten Erziehungsübungen beginnen. Ganz gleich, was Sie auch erreichen wollen, bleiben Sie geduldig und konsequent. Eine Form von Unsicherheit oder Ungeduld spürt Ihr kleiner Ridgeback-Welpe sofort und wird dadurch selbst verunsichert. Konsequenz muss sein, damit Ihr Hund klare Regeln kennen lernt, nach denen er sich richten kann, damit ein unproblematisches Zusammenleben zwischen Hund und Mensch möglich ist.

Bei der Erziehung gibt es wichtige und unwichtigere Dinge zu lernen. Wichtig ist z. B. ein Signal wie „Aus/Pfui", „Halt" oder „Bleib", unwichtig hingegen „Gib Pfote". Je nach Wichtigkeitsgrad sollten dann auch die Signale sitzen und konsequent geübt werden.

Von Anfang an sollte man – um späteren Überraschungen vorzubeugen – Folgendes beachten:

Dulden Sie beim Welpen nichts, was Sie nicht auch beim großen Hund dulden würden, z. B. Anspringen. Wenn ein Welpe Sie oder eine andere Person anspringt, kann das noch ganz niedlich sein, aber wenn Ihnen 40 kg Ridgeback entgegenprallen, ist das nicht mehr lustig.

Übung macht den Meister

Sie brauchen in der ersten Zeit gar nicht so viele Übungen mit dem kleinen Hund zu machen, es reicht in der Regel, wenn Sie konsequent die Dinge verbieten, die er immer wieder versucht auszutesten. Meist fängt es damit an, dass der Hund nicht auf dem ihm zugewiesenen Platz liegen möchte. Wenn Sie ihm allerdings das Hörzeichen „Hundeplatz" gegeben haben, muss er dort bleiben, ob er will oder nicht. Also, gehen Sie mit ihm sanft, aber bestimmt zum angewiesenen Platz, geben das Hörzeichen und entfernen sich wieder. Wahrscheinlich wird Ihr Welpe sogleich wieder hinter Ihnen herlaufen, weil er sich lieber in Ihrer Nähe aufhält. Einfacher ist es dann, wenn Sie erst einmal in Sichtweite bleiben – notfalls mit Drohstimme. So, und jetzt ist es an Ihnen: Gehen Sie jedes Mal wieder zusammen mit dem Welpen zu seinem Platz nach dem Motto: „The same procedure" – und wenn es 20 Mal sein muss. Irgendwann ist es dem Hund zu dumm und er bleibt liegen und schon haben Sie gewonnen. Wenn er das verstanden hat, sind nachfolgende Übungen gar nicht mehr so schwer.

Übrigens: Schlafplätze für den Hund sollten immer strategisch unwichtig sein, damit er nicht meint, er könne sich zum Chef aufspielen und hätte alles im Blick! Also besser in einer hinteren Ecke des Zimmers als mitten im Raum mit Blick auf sämtliche Türen, die er bewachen kann.

Wichtig

Wenn man Ihnen gesagt hat, Ridgebacks benötigen unbedingt einen erhöhten Liegeplatz: Vorsicht – wehret den Anfängen! Der Welpe/Junghund hat nichts auf dem Sofa oder Sessel verloren. Er gehört auf den Boden! Falls Sie das Bedürfnis haben, mit dem/der Kleinen zu kuscheln, begeben Sie sich bitte selbst auf die untere Etage. Auch diesen gutgemeinten Rat sollten Sie befolgen, damit Ihr kleiner Schatz nicht irgendwann zum Alpha mutiert. Erst später, wenn der Hund begriffen hat, was er darf und was er nicht darf, kann man die strengen Regeln gerne etwas lockern.

Basis-Erziehung

Zur Grunderziehung eines jungen Hundes gehören einige Übungen, die später vom älteren Hund problemlos befolgt werden sollten. Sie sind der Grundstein für die weitere Ausbildung.

„Sitz"

Die einfachste Übung ist das „Sitz". Am besten ist es, man hält dem Hund ein Leckerchen in Kopfhöhe hin und bewegt seine Hand mit dem Leckerchen dann in Richtung Hinterkopf des Hundes. Sie werden sehen, dass sich der Hund relativ schnell hinsetzt. In diesem Augenblick gibt man dem Hund das dazugehörige Hörzeichen „Sitz" und anschließend muss unmittelbar ein Lob folgen. Nach mehreren Wiederholungen sollte der Hund die Verknüpfung hergestellt haben und sich bereits beim Hörzeichen hinsetzen. Diese Übung kann später ausgebaut werden, so dass sich der Hund auch auf ein Sichtzeichen hinsetzt. Dies lernt er, indem man den Zeigefinger hochstellt und dem Hund am Anfang gleichzeitig das Hör- und Sichtzeichen gibt. Dem Hund den Po hinunterzudrücken und ihn dadurch ins „Sitz" zu bringen hat sicher auch irgendwann Erfolg, ist aber nicht so effektiv, denn der Hund soll selbst darauf kommen, was von ihm verlangt wird.

„Platz"

Wenn das „Sitz" sicher klappt, kann man zur nächsten Übung, dem „Platz", übergehen.

Auch hier ist es wichtig, dass der Hund selbst herausfindet, was man von ihm will. Eine gute Hilfe, um den Hund ins „Platz" zu bekommen, ist, dass man sich neben ihn kniet, dabei ein Bein rechtwinkelig aufgestellt hat und in einer Hand ein Leckerchen hält, mit dem man den Hund unter dem aufgestellten Bein hindurchlockt. Hierfür kann man auch einen Stuhl als Hilfe nehmen. Macht der Hund sich klein, um unter dem Bein hindurchzukommen, sagt man „Platz" und gibt ihm das vorgehaltene Leckerchen. Später kann man auch hier wieder eine Verknüpfung zum Sichtzeichen herstellen, indem man seine Hand flach nach unten auf den Boden hält und gleichzeitig das Hörzeichen „Platz" dazu sagt.

Uneffektiv ist es, den Hund nach unten ins „Platz" zu drücken. Es ist einerseits sehr unangenehm für den Hund, andererseits führt es nicht zu der erwünschten Verknüpfung.

„Bei Fuß"

Immer, wenn eine Übung sicher sitzt, kann man die nächste Aufgabe in Angriff nehmen. Zum Beispiel das „Bei-Fuß-Gehen". Gerade hier wird viel Missbrauch getrieben, Hunde werden an so genannte Gesundheitswürgern (was für ein Wort!) geführt und geruckt, bis

Basis-Signale wie „Sitz" und „Platz" sollte jeder Hund beherrschen.

ihnen der Nacken wehtut und im schlimmsten Fall die Wirbelsäule verletzt wird. Eine bessere Methode ist es, den Hund auf der linken Seite neben sich zu führen, ein Leckerchen oder Spielzeug in Brusthöhe zu halten, es dem Hund kurz zu zeigen und ihn damit zu locken. Läuft er brav an der linken Seite, kommt das Hörzeichen „Fuß" und die Belohnung. Eine Art, dem Hund das Ziehen an der Leine abzugewöhnen ist das so genannte „Verunsichern auf Distanz". Man nimmt dazu eine ca. zwei bis vier Meter lange Leine in die Hand und lässt den angeleinten Hund ohne Kommando daran laufen. Dann wechselt man plötzlich und für den Hund unerwartet die Richtung. Folgt der Hund, wird er gelobt und wenn er einige Zeit brav an der linken Seite geht, erfolgt die Verbindung mit dem Hörzeichen „Fuß". Diese Übung muss allerdings, um effektiv zu sein, sehr „zackig" durchgeführt werden. Um zu vermeiden, dass der Hund an der Leine zieht, gibt es verschiedene Hilfsmittel, die aber teilweise nur in fachkundige Hände gehören, damit man keinen Schaden anrichtet. Am gebräuchlichsten hiervon ist wohl das so genannte Halti, ein Kopfgeschirr, das leichten Druck auf den Nasenrücken des Hundes ausübt und ihn somit am Ziehen hindern soll. Viele Ridgebacks sträuben sich jedoch und lassen sich das Halti nur ungern anlegen. Manchmal hilft auch ein Brustgeschirr, da man damit die empfindliche Halsregion schonen kann.

„Hier"

Als Nächstes kann man das „Hier", d.h. das zuverlässige Herankommen, mit dem Hund üben. Allerdings kann man das auch schon dem Welpen beibringen, indem man, immer wenn er freudig auf einen zugelaufen kommt, das Hörzeichen gibt und sich so toll freut, als hätte man sich jahrelang nicht gesehen. Es ist wirklich wichtig, seine Freude richtig auszudrücken. Hunde erkennen genau, wie wichtig es uns ist, dass sie etwas für uns tun und dass das, was sie tun, richtig ist. Ein bisschen an die Seite klopfen und „So ist's brav" reichen nicht aus, um den Hund bei Laune zu halten und bei schwierigen Übungen zu motivieren. Dies ist gerade für das freudige Herankommen nötig, denn später soll der Hund auch zuverlässig herankommen, obwohl er gerade mit der Nase in einem Mauseloch steckt oder mit anderen Hunden spielt.

Ausbauen kann man diese Übung, indem man den Hund anleint, ihn ruft und quasi regelrecht heranangelt. Das Wichtigste an dieser Übung ist aber wirklich das überschwängliche Loben.

Nicht nur auf Ausstellungen, auch beim Tierarzt oder bei der Körperpflege ist die „Steh"-Übung sehr hilfreich. Deshalb sollte sie bereits mit dem Welpen geübt werden.

„Steh"

„Steh" scheint für manche Hunde sehr schwierig zu sein, wurden sie doch sonst immer dafür belohnt, dass sie brav neben einem sitzen. Hat man jedoch einen Ausstellungshund, ist das „Steh" eine unerlässliche Übung. Dazu macht man sich am besten seine eigenen menschlichen Gesten zu Nutze und bewegt sich so lange vor dem Hund, neigt sich nach rechts und links, um Unruhe aufkommen zu lassen, bis er steht. Auch hier gilt: Es muss besonders schnell gelobt werden, bevor sich der Hund wieder setzen will. Nicht zu empfehlen ist es, den Hund unter den Bauch zu fassen und hochzuziehen. Das ist sehr unangenehm und der Hund lernt dadurch nicht.

Basis-Erziehung 67

Dieser Ridgeback weiß, wie man sich gut präsentiert.

TIPPS FÜR ERFOLGREICHES TRAINING

▶ Der Hund sollte im Laufe der Zeit lernen, welche Hör- bzw. Sichtzeichen er unbedingt zu befolgen hat. Diese sollten mit einem knappen Wort dem Hund beigebracht werden. Also: „Platz" bedeutet, ich muss mich hier und jetzt hinlegen. Nun gibt es aber Situationen, da braucht der Hund nicht sofort auf der Stelle zu liegen, sondern soll sich nur irgendwo hinlegen, dann kann man z. B. sagen: „Leg dich hin" oder „Ablegen". So kann der Hund unterscheiden, wie ernst es Ihnen mit der Ausführung des jeweiligen Signals ist.

▶ Des Weiteren ist es wichtig, alle Übungen für den Hund lustvoll zu gestalten, so dass er nicht den Spaß am Lernen verliert. Das heißt, man arbeitet möglichst ohne Druck, lobt den Hund ausgiebig und übt nicht zu lange. Lieber in kurzen Intervallen und dafür öfter einmal eine Übung machen, als den Hund mit Dauerstress zu demotivieren.

▶ Ebenso ist es nicht unerheblich, wie oft ein Signal gesagt wird. Auch hier gilt: Weniger ist mehr. Man gibt dem Hund höchstens zwei- bis dreimal das Hörzeichen, dann muss er korrigiert werden. Und Diskussionen wie: „Habe ich dir nicht schon hundertmal gesagt, du sollst kommen, wenn ich dich rufe" stoßen beim Hund gänzlich auf taube Ohren, denn damit kann er nichts anfangen.

Freudiges und sicheres Herankommen ist wichtig.

Typisch Ridgeback – Heulen wie ein Wolf.

Tipp

Es gibt Phasen beim Ridgeback, in denen man denkt, der Hund hat überhaupt nichts gelernt und zudem auch noch vor allem und jedem Angst. Die erste Phase liegt ca. bei neun Monaten, die zweite um den 20. Monat herum. Es hat sich nach meiner Erfahrung gezeigt, dass es das Beste ist, den Hund einfach nur konsequent zu behandeln, ohne ihm viel Neues abzuverlangen. Lassen Sie ihn in dieser Zeit einfach Hund sein und bald haben Sie wieder Ihren alten, klugen, wohlerzogenen Ridgeback!

Betteln am Tisch

Ein Verhalten, das sich schnell einschleichen kann, ist das Betteln bei Tisch. Auch hier wird der Hund immer wieder auf seinen Platz geschickt und erhält grundsätzlich nichts vom Tisch – von keinem Familienmitglied!

Des Weiteren sollten Sie niemals über den Hund hinwegtreten, wenn er im Weg liegt. Er muss immer aufstehen. Lassen Sie ihn auch nicht vor Ihnen durch die Tür schnellen oder Treppen hinunter- oder hinaufstürzen. Er muss lernen und akzeptieren, dass Sie der Chef sind und er weichen muss bzw. Sie nicht überholen darf.

Überhaupt sollten Sie immer der-/diejenige sein, der agiert und nicht etwa auf ein Verhalten des Hundes reagiert. Hunde – und gerade Ridgebacks – schaffen es sehr schnell, uns Menschen um den Finger zu wickeln und uns zu konditionieren. Ein Alpha-Wolf bzw. ein guter Hundeführer leitet selbst die Aktionen ein und erzieht sein Rudel durch Konsequenz, ignoriert unerwünschtes Verhalten und ist immer souverän.

Wenn Sie diese wenigen Tipps beachten – vorausgesetzt Ihr Ridgeback hatte zudem eine ordentliche Kinderstube –, dürften Sie für die erste Zeit genug zu tun haben und damit einen wesentlichen Grundstein für die weitere Erziehung Ihres Hundes legen.

Heulen wie ein Wolf

Heulen Sie mit Ihrem Hund. Ihr Ridgeback stammt wie alle Caniden vom Wolf ab und ist des Heulens mächtig. Es macht ungeheuren Spaß, ist gut für die Bindung und schweißt zusammen. Mimen Sie den Oberwolf, indem Sie auffällig schnüffelnd durch eine Wiese gehen, ab und zu bleiben Sie stehen, peilen die Lage, tun ganz wichtig (und beobachten dabei unauffällig Ihren Hund). Sie werden erstaunt sein, welche Reaktionen Sie hervorrufen können. Probieren Sie es aus und seien Sie bei der Ausbildung Ihres Hundes phantasievoll.

Lob und Tadel

Tadel zur richtigen Zeit

Wenn der Hund etwas richtig macht, sollte er belohnt werden, wenn er etwas falsch macht oder nicht befolgt, sollte er dafür bestraft werden. Wie lobe oder strafe ich aber meinen Ridgeback sinnvoll? Zunächst einmal muss man wissen, dass Lob und Tadel immer unmittelbar nach dem Ereignis zu erfolgen haben. Das heißt, es ist sinnlos einen Hund dafür zu bestrafen, dass er in unserer Abwesenheit Essen vom Tisch gestohlen oder Schuhe zerkaut hat. Wer hier denkt, der Hund hat ein schlechtes Gewissen, weil er uns ziemlich kleinlaut oder gar nicht begrüßt, liegt falsch. Der Hund liest in unse-

Konsequente erzieherische Maßnahmen ...

... machen sich später bezahlt.

rer Körpersprache lediglich, dass wir ihm nicht wohlgesonnen sind, kann aber nicht mehr nachvollziehen, warum das so ist.

Also: Bei Dingen, die einen längeren Zeitraum zurückliegen, hilft es nur noch, das Geschehene zu ignorieren – eine Strafe für den Hund kommt in jedem Fall zu spät. Sollten Sie ihn jedoch „in flagranti" erwischen, kann die Strafe per Stimme mit kurzem „Pfui" oder „Nein" erfolgen, durch Schnauzengriff oder durch Ignoranz. Sie müssen herausfinden, worauf Ihr Ridgeback am besten reagiert. Den berühmten Nackenschüttler gibt es im Übrigen nur als Beutegriff und im Spiel junger Hunde, er dient jedoch nicht zur Bestrafung im Rudel.

Richtig loben

Für das Loben bieten sich uns auch vielfältige Möglichkeiten. Mit der Stimme „So ist es brav", Streicheln und/oder Leckerchen. Auch hier müssen Sie erst herausfinden, worauf Ihr Hund am ehesten reagiert. Wichtig ist auch hier wieder das zeitnahe Agieren und das genaue Kennen seines Hundes, um zu wissen, was das Größte für ihn ist.

Unerwünschtes Jagdverhalten

Jeder von uns möchte dem Laufhund Ridgeback gerecht werden und ihn möglichst überall und zu jeder Zeit frei laufen lassen. Spätestens, wenn unser Hund in selbstbelohnender Art und Weise hinter dem wegspringenden Hasen herläuft und er weder unser Rufen noch Pfeifen wahrzunehmen scheint, fragen wir uns, was wir wohl falsch gemacht haben.

Aufgrund seiner Abstammung vom Wolf, der ja durch die Jagd seinen Nahrungsbedarf decken muss, hat der Ridgeback – wie fast alle anderen Hunderassen auch – einen mehr oder weniger stark ausgeprägten Jagdtrieb. Meist ist dieser bei Hündinnen noch intensiver vorhanden, als bei den Rüden, da es vom Ursprung her schon immer eher ihre Aufgabe war, zu jagen. Der Hund ist ein Rudeljäger, d.h. mehrere Ridgebacks sind schneller einmal auf der Hatz als nur einer! Ein jagender Hund ist für niemanden – außer für den professionellen Jäger – eine Bereicherung. Er bringt sich und andere durch das unkontrollierte Hetzen von Wild in Gefahr. Aus diesem Grund sollte man versuchen, seinen Ridgeback möglichst gut unter Kontrolle zu haben und ihn nur in übersichtlichem Gelände frei laufen lassen oder ihn so zu erziehen, dass er dem Jagen widerstehen kann.

> ### Vorsicht
> *Manchmal wird die Stimme oder das Streicheln gänzlich falsch eingesetzt, nämlich wenn der Besitzer meint, seinen Hund beruhigen zu müssen, z.B. beim Tierarzt oder während gezeigter Angst oder Aggression gegenüber Mensch oder Tier. Mit Streicheln und/oder entsprechenden Worten signalisiere ich meinem Hund lediglich: Richtig, weiter so... beruhigen wird ihn das jedoch nicht.*

Zuerst wird das Schilf abgesucht, dann folgt das Hetzen. Diese Jagdsequenz muss frühzeitig unterbrochen werden.

SEQUENZEN DES JAGDVERHALTENS

Bezüglich des Jagdverhaltens gibt es in den meisten Fällen eine mehr oder weniger vollständige so genannte Handlungskette. Diese besteht aus den folgenden Sequenzen:

1. **Orientierungsverhalten** – d.h., der Hund orientiert sich kurz und konzentriert sich auf eine potenzielle Beute bzw. hält nach Beute Ausschau.
2. **Abgeduckte Körperhaltung**, evtl. Vorstehen – d.h., der Hund hat Wild ausgemacht und beginnt demnächst mit der Verfolgung.
3. **Spur aufnehmen** – d.h., der Hund verfolgt mit tiefer oder hoher Nase eine Fährte.
4. **Pirschen** (mit angelegten Ohren) – d.h., der Hund nähert sich dem Wild.
5. **Laufen, hetzen** – d.h., der Hund nimmt die Verfolgung auf und verfolgt mit oder ohne Hetzlaut (jiff, jiff) das Wild und ist ihm dicht auf den Fersen.
6. **Packen, töten** – dies ist der letzte Teil der Handlungskette, die zum Glück nicht immer in dieser Weise endet.

Unterbrechung des Jagdverhaltens

Damit der Ridgeback nicht jagt, muss die Handlungskette des Jagdverhaltens unterbrochen werden. Dazu hat man als vorausdenkender Mensch mehrere Möglichkeiten. Zum einen muss man zunächst einmal für seinen Hund der Leitwolf sein und auch eine gute Bindung zu seinem Ridgeback aufgebaut haben. Immer aufmerksam und wach sein (keine Handy-Telefonate während des Spaziergangs, sondern immer mit Scannerblick unterwegs). Zum anderen muss man agieren, statt zu reagieren. Das bedeutet, man muss den Spaziergang für den Hund interessant gestalten, indem man z. B. Futterspiele macht, Futtersäckchen versteckt, die der Hund suchen muss. Dies kann folgendermaßen aussehen: Man wirft für den Hund sichtbar ein paar Leckerchen (möglichst rund, damit Sie gut über den Boden rollen) und schnalzt dazu mit der Zunge. Bald hat er verstanden, dass es in Verbindung mit dem Schnalzen etwas Leckeres gibt. Ein positiver Effekt dabei ist, dass der Hund seinem Jagdtrieb Folge leisten kann, indem er den kleinen rollenden Futterbrocken hinterherjagt. Unter Umständen reicht dies später aus, um die Handlungskette des Jagdverhaltens zu unterbrechen. Des Weiteren muss man am Gehorsam arbeiten. Sicheres Herankommen ist gefragt, Schleppleinentraining oder z. B. die Gewöhnung an Packtaschen.

Dieser Ridgeback ist bereits im Wasser und ganz auf die Ente fixiert. Eine Unterbrechung des Jagdverhaltens ist jetzt nur noch bei einem absoluten Gehorsam möglich.

Gewöhnung an Wild- und Haustiere

Zudem kann man einen Junghund bereits an Wild gewöhnen. Es ist heute vielfach erlaubt, Hunde mit in Wildparks, Zoos oder Wildgehege zu nehmen. Immer, wenn der Hund sich am Wild ruhig verhält, wird er dafür belohnt, unerwünschtes Verhalten wird ignoriert oder der Hund wird mit einem scharfen „Nein" ermahnt.

Alles in allem stärkt diese Form von Zusammenarbeit und Unternehmungen die Bindung zwischen Ihnen und Ihrem Ridgeback, stärkt Ihre Position als Alpha und verhilft Ihnen im Laufe der Zeit zu einem gut erzogenen, abrufbaren Begleiter. Für solche Unternehmungen empfehle ich, dem Hund ein Brustgeschirr anzuziehen, so dass er keine Möglichkeit hat, aus dem Halsband zu schlüpfen.

Eine frühe Gewöhnung an Wild- und Haustiere hat Auswirkungen auf den späteren Umgang miteinander.

Beschäftigungsmöglichkeiten

Auch wenn manche Ridgebacks den Eindruck erwecken, sie lägen am liebsten den ganzen Tag auf dem Sofa, um zu dösen, muss man ihnen doch genügend Auslauf, körperliche und geistige Beschäftigung bieten, damit sie ausgelastet sind.

Dies ist manchmal gar nicht so einfach, da wir es beim Ridgeback mit sehr unterschiedlichen Persönlichkeiten zu tun haben. Aufgrund der Tatsache, dass der Rhodesian Ridgeback kein Spezialist unter den Hunden ist, kann er durchaus verschiedene Hobbys haben. Unter Spezialisten versteht man z. B. Herdenschutzhunde, die dafür gezüchtet werden, Viehherden zu bewachen und vor Angriffen zu schützen, oder Vorstehhunde, die dem Jäger das Wild anzeigen sollen. Gerade die Tatsache, nicht einseitig einsetzbar zu sein, macht den Ridgeback für viele interessant. Herauszufinden, was unserem Hund Spaß bereitet, liegt an uns Menschen. Wir sollten allerdings auch nicht enttäuscht sein, wenn das, was wir für den Hund geplant hatten, wie eine Seifenblase zerplatzt, weil der Ridgeback nicht mitspielt. Der Rhodesian Ridgeback ist ein Allrounder und hat viele Talente, wir Menschen müssen sie nur zu wecken wissen und können diese dann zielgerichtet fördern. Der Ridgeback ist ein spätreifer Hund und bis ins hohe Alter lernfähig. Dies macht sich bei der Ausbildung positiv bemerkbar. Ridgebacks lernen – obwohl mit einer gewissen Sturheit und Selbstständigkeit ausgestattet – gern und schnell. Das Gelernte wird sehr gut behalten und ist jederzeit abrufbar. Gerade im fortgeschrittenen Alter kann man ihnen noch so allerlei beibringen.

Reitbegleithund

Aufgrund ihrer Körpergröße und ihrer Ausdauer sind Ridgebacks als Reitbegleithunde ziemlich gut geeignet. Ihre Intelligenz und Reaktionsschnelligkeit macht es ihnen leicht, sich an die Gepflogenheiten im Stall und den Umgang mit Pferden anzupassen. Am besten, man gewöhnt bereits den Welpen und Junghund an das Zusammenleben mit Pferden. Um die Gefahr, die von einem Pferd ausgehen kann, zu minimieren, sollte der Hund bestimmte Regeln kennen. Zum Beispiel sich nie dicht hinter dem Pferd aufhalten, Pferde nicht jagen, Stall und Paddock sind tabu und die Weide darf nur in Begleitung betreten werden. Um einen Ridgeback als Begleiter am Pferd mit hinaus in das Gelände zu nehmen, muss er einen absoluten Grundgehorsam besitzen. Er muss zuverlässig die Signale – insbesondere auf Entfernung – befolgen und darf auf gar keinen Fall am Wild interessiert sein.

1 Ridgebacks begleiten gerne auch Pferd und Reiter auf Ausflügen. Jedoch sollte auf ihren Jagdinstinkt geachtet werden.

2 Gemeinsamer Urlaub mit Pferd und Hund – was gibt es schöneres?

3 Im Halbschatten am Strand liegen und beobachten – auch das lieben Ridgebacks.

Bei Hundebegegnungen muss er sich neutral und ohne Aggression verhalten und Spaziergänger dürfen nicht belästigt werden. Sie haben solch einen braven und gut erzogenen Ridgeback? Herzlichen Glückwunsch, dann steht einem gemeinsamen Ausritt nichts mehr im Wege! Nach meiner Erfahrung wird das eher die Ausnahme sein. Aus unserem Rudel – bestehend aus zwei Ridgeback-Hündinnen und einer Mischlingshündin – eignet sich wohl „Fräulein Smilla" am besten als Reitbegleithund, da sie alle o.g. Eigenschaften besitzt. Als Missie ihren zweiten Wurf hatte, habe ich Smilla kurzerhand zum Reiten mitgenommen, um ihr den notwendigen Auslauf zu verschaffen. Den Umgang mit Pferden kannte sie ja bereits von klein auf. Eine spezielle Ausbildung hat sie dafür nicht benötigt – sie scheint ein wahres Naturtalent zu sein.

BEGLEITUNG AM FAHRRAD

Für die Begleitung am Fahrrad gilt Ähnliches wie für den Ausritt mit dem Pferd. Der Grundgehorsam muss stimmen und der Hund muss auf Entfernung jederzeit abrufbar sein. Gut ist es, wenn es das Gelände erlaubt, wenn der Hund frei laufen kann. Sollte der Hund doch angeleint laufen, dann halten Sie die Leine so, dass Sie sie jederzeit loslassen können. Noch besser ist, Sie verwenden einen Fahrradbügel, an dem man die Leine des Hundes befestigen kann.

Rettungshund

Rettungshundearbeit bedeutet nicht nur Hobby, sondern ernsthafte Arbeit von Hund und Hundeführer als Team. Die Ausbildung zum Rettungshund ist sehr langwierig und besteht aus verschiedenen Bereichen. Es wird der Grundgehorsam geschult, an Geräten wie Leitern, Wippen, Balken gearbeitet, der Hund muss an Lärm, Feuer, unangenehme Gerüche gewöhnt werden und er muss eine gute Nase haben. Endziel der Ausbildung ist das Suchen und Finden von vermissten Personen in Trümmern, ausgedehnten Flächen wie z.B. Waldstücken oder sogar im Wasser.

Auch der Hundeführer muss sich entsprechendes Wissen über Erste Hilfe, das Handling von Kartenmaterial und Kompass, korrektes Verhalten am Einsatzort und die notwendige Ausrüstung aneignen. Die Ausbildung und das Training sind demzufolge kontinuierlich fortzuführen und werden auch regelmäßig abgefragt. Die Anforderungen an die Hunde sind sehr groß. Unbedingtes Muss sind Gesundheit und Wesensfestigkeit des Hundes. Sozialverträglichkeit und Gehorsam sind weitere wichtige Aspekte, denn oft sind mehrere Hunde im Einsatz und müssen gleichzeitig suchen. Ridgebacks als erfolgreiche Rettungshunde sind eher die Ausnahme, aber es gibt sie. Handicaps für eine Tätigkeit in diesem Bereich können auch hier wiederum die fehlende Sozialverträglichkeit mit gleichgeschlechtlichen Artgenossen sein oder die Unlust des Ridgebacks daran, sich durch Spielen motivieren zu lassen. Pluspunkt ist in jedem Fall seine gute Nase, seine Instinktsicherheit gepaart mit der nötigen Vorsicht und seine Geschicklichkeit, sich zu bewegen.

Jagdhund

Ursprünglich für die Löwen- bzw. Großwildjagd gezüchtet, wird der Ridgeback heute vielfach als Schweißhund eingesetzt, d.h. für die Arbeit nach dem Schuss. Diese Art von Beschäftigung kommt wahrscheinlich seinen Anlagen am nächsten. Der Ridgeback ist allerdings in Deutschland noch keine anerkannte Jagdhundrasse, was zum Teil die Ausbildungsmöglichkeiten inklusive anschließender Prüfungen erschwert. Aber auch bei dieser Art von Arbeit muss man sich immer wieder vor Augen führen, dass man es beim Rhodesian Ridgeback nicht mit einem Spezialisten zu tun hat, wie es z.B. der Vorstehhund oder der Retriever ist. Wenn man Glück hat, erwischt man einen Ridgeback, der in vielen Anforderungen dem Jäger gerecht werden kann, aber was geschieht, wenn der Hund nicht wie gefordert das erlegte Stück Wild apportiert, nicht die geschossene Ente aus dem Wasser holt? Es gibt nachweislich eine große Anzahl Ridgebacks, die sehr erfolgreich ihren Dienst als Jagdbegleiter verrichten. Ich bin mir aber ziemlich sicher, dass der Weg dorthin für das Team Hundeführer und Hund manchmal durchaus steinig war.

Ridgebacks werden heutzutage häufig auch als Schweißhunde eingesetzt.

Agility macht auch vielen Ridgebacks Spaß, wenn sie langsam an die Hindernisse herangeführt werden. Dieser Ridgeback läuft sicher über die Wippe.

Auf dem Laufsteg und im Tunnel ist Geschicklichkeit gefragt. Agility fordert auch vom Mensch eine schnelle Reaktionsfähigkeit.

Der Sprung über die Hürden erfordert eine gute Kondition. Der Hund sollte auf keinen Fall übergewichtig sein.

Agility

Ein Agility-Parcours besteht aus unterschiedlichen Gerätschaften, wie z. B. Reifen, Tunnel, Wippe, Kletterwand und einer Slalomstrecke, die der Hund in einer bestimmten Zeit möglichst fehlerfrei bewältigen muss. Auch der Besitzer sollte eine gewisse Fitness vorweisen, da er, während der Hund den Parcours absolviert, nebenherläuft. Gesundheit, insbesondere gesunde Hüften und Gelenke sind absolute Voraussetzung für diesen Sport. Ich kenne viele Ridgebacks, die Spaß an dieser Art von Beschäftigung haben und es gar nicht abwarten können, bis sie den Parcours durchlaufen dürfen. Hier ist Geschicklichkeit und Konzentration gepaart mit Schnelligkeit gefragt.

Breitensport

Ähnlich dem Agility müssen bestimmte Hindernisse bewältigt werden. Hinzu kommt noch ein Hürdenlauf und ein 5.000-m-Geländelauf, den Mensch und Hund gemeinsam absolvieren müssen. Veranstalter von Breitensportturnieren sind meist Gebrauchshundevereine.

Hundesport / Unterordnung / Obedience

Die Ausbilder in der Hundeszene haben in den letzten Jahren zum großen Teil hinzugelernt, und so sind die heutigen Methoden der Hundeausbildung sicher artgerechter und psychologisch fundierter, als sie es noch vor einigen Jahren, waren und somit auch besser geeignet, um mit seinem Ridgeback daran teilzunehmen. Blinder Gehorsam und Kasernenhofdrill liegen dem Ridgeback nämlich nicht – hier schaltet er auf Durchzug! Er möchte verstehen, was man von ihm will, er möchte im Team arbeiten und seine Persönlichkeit und Selbstständigkeit dabei erhalten. Er liebt die leisen Töne. Genau an dieser Stelle ist die Fantasie des Hundeführers gefragt, eine Gratwanderung zu beschreiten und den Hund mit ruhiger Konsequenz zu motivieren. Wenn man mit etwas weniger als 100 % zufrieden ist, kann man mit dem Ridgeback bestimmt eine sehr gute Unterordnung erarbeiten, an der weder Mensch noch Hund die Lust verlieren. Unterordnung bedeutet Erlernen des Grundgehorsams, Erlernen verschie-

dener Hörzeichen wie z. B. „Sitz", „Platz", „Fuß" usw. Außerdem gehören das so genannte „Abliegen" und das zuverlässige Herankommen dazu. Die Übungen werden zunächst mit dem angeleinten Hund durchgeführt, später dann in so genannter „Freifolge".

Eine Steigerungsform der Unterordnung ist Obedience. Hierbei wird besonderer Wert auf die korrekte Ausführung aller Hör- bzw. Sichtzeichen gelegt und die Teamfähigkeit von Hund und Hundeführer. Der Hund sollte immer aufmerksam gegenüber seinem Besitzer sein, die Zusammenarbeit beider steht im Vordergrund

Dabei sein ist mehr

Man kann mit einem Ridgeback natürlich auch „einfach nur so" zusammenleben. Ein Ridgeback ist ein prima Begleithund, der vieles mitmacht, wenn er nur dabei sein darf. Meine Hunde begleiten mich z. B. fast den ganzen Tag über und sind möglichst überall dabei. Dazu gehört natürlich, dass sie gewisse Grundkommandos kennen und befolgen, dass sie niemanden belästigen, dass sie brav einige Zeit im Auto warten oder uns bei einem Restaurantbesuch begleiten. Natürlich gehört der tägliche Spaziergang mit Freiauslauf dazu und dass man gelegentlich andere Hundefreunde trifft, mit denen die Hunde toben können usw. Auch ein Ridgeback, der keine speziellen Aufgaben zu erledigen hat, kann ein glücklicher und ausgeglichener Hund sein, wenn sein Mensch ihm genügend Abwechslung bietet.

> **Wichtig**
>
> *Für alle Beschäftigungsarten gilt, dass der Hund ein gewisses Alter haben muss und vom Knochenwachstum her ausgewachsen ist. Dies ist nicht vor Abschluss des ersten Lebensjahres der Fall. Eine Untersuchung auf HD, ED und OCD ist ratsam, bevor man mit dem aktiven Teil der Ausbildung beginnt. Startet man mit dem Sport, der Begleitung am Pferd usw., muss der Hund langsam an die neue Art der Bewegung gewöhnt werden. Mit der Zeit kann man dann das Laufpensum und die Kondition durch längere Trainingseinheiten steigern.*

Gesundheit

Krankheitsanzeichen

Statistiken und Umfragen belegen, dass der Rhodesian Ridgeback zu den Rassen gehört, die noch als relativ gesund zu bezeichnen sind. Trotzdem treten immer wieder Fälle auf, in denen das leider nicht so ist. Ridgebacks sind zäh und hart im Nehmen und der Mensch muss eine sehr gute Beobachtungsgabe haben, um Veränderungen an seinem Hund festzustellen. Dazu muss er natürlich seinen Ridgeback sehr gut kennen. Manchmal drückt der Hund lediglich durch eine andere Körperhaltung oder durch Leckbewegungen mit der Zunge einen Schmerzzustand aus.

Ein gesunder Hund hat klare und glänzende Augen, die Ohren und Nase sind sauber, das Fell glänzend, die Zähne sind frei von Zahnstein, das Zahnfleisch rosa und gut durchblutet. Der Bewegungsablauf ist flüssig und frei, die Verdauung funktioniert regelmäßig und ist von fester Konsistenz. Der Hund ist aktiv und aufmerksam, er hat Appetit und trinkt nicht übermäßig viel Wasser. Abweichungen hiervon wie z. B. Augenausfluss, Husten, Felljucken, blasse Schleimhäute, Lahmheiten usw. können Anzeichen einer Erkrankung sein. Dazu gehört oft auch eine erhöhte Körpertemperatur. Die Normaltemperatur eines Hundes liegt etwa bei 38 °C bis 39 °C. Größere Abweichungen davon können ebenfalls auf eine Krankheit oder Infektion hindeuten.

Die Temperatur eines Hundes kontrolliert man mit einem gut eingefetteten Fieberthermometer, das man dem Hund in den After einführt. Während der gesamten Messung hält man das Thermometer fest und lobt den Hund, wenn er brav stillhält. Die Prozedur des Messens sollte man üben, wenn der Hund gesund ist, damit man später im Notfall davon Gebrauch machen kann.

Jährlicher Gesundheitscheck

Es ist ratsam, einmal jährlich – z. B. bei Fälligkeit der Impftermine – einen mehr oder weniger umfangreichen Gesundheitsscheck durchführen und auch ggf. ein Blutbild erstellen zu lassen, damit man Vergleichswerte hat, falls es einmal zur Veränderung des Gesundheitszustandes des Hundes kommt. Insbesondere im Fall von Erkrankungen kann es hilfreich sein, genau Protokoll über den Zustand des Hundes zu führen. Dies gilt auch für die Gabe von Medikamenten. Unsere ältere Hündin war vor einigen Jahren einmal schwer krank und wir mussten wochenlang um sie bangen. Ich habe damals genau aufgezeichnet, wie ihr Zustand war und was für Medikamente sie erhalten hat. Später können solche Notizen helfen, den Hund vor Schaden zu bewahren, zum Beispiel wenn man weiß, dass er auf dieses oder jenes Medikament allergisch reagiert oder welche Blutgruppe er hat.

Ridgebacks sind sehr anpassungsfähig und haben sich auch an die Temperaturen hierzulande gewöhnt.

Infektionskrankheiten und Schutzimpfungen

Um den so genannten Infektionskrankheiten vorzubeugen, sind regelmäßige Impfungen durchzuführen. Will man mit seinem Hund an Ausstellungen teilnehmen oder ins Ausland verreisen, sind Impfungen unbedingte Pflicht.

Unter Infektionskrankheiten versteht man das Eindringen, die Ansiedelung und Vermehrung eines Erregers in einem Wirtsorganismus. Meist gelangen diese Keime passiv in den menschlichen oder tierischen Organismus, z. B. durch Biss, Insektenstich, verunreinigte Lebensmittel usw. Infektionskrankheiten sind in der Regel ansteckend. Die Ansteckung kann von Tier zu Tier, Mensch zu Mensch oder zwischen Tier und Mensch erfolgen. Erreger verschaffen sich über die Atemwege, den Verdauungsapparat, die Schleimhäute oder verletzte Hautoberflächen Eintritt in den Organismus. Von dort können die Erreger ins Blut eindringen und sich im Körper verteilen. Die meisten Infektionskrankheiten verlaufen akut und dauern Tage bis Monate. Es kommt häufig zu Fieberreaktionen, Kreislaufproblemen und Reaktionen des Lymphsystems. Ist der Höhepunkt erreicht, stirbt der Patient bei Nichtbehandeln an den Folgen der Infektion oder aber die krankhaften Prozesse klingen ab und der Patient wird wieder gesund – ggf. mit einer Schädigung betroffener Organe.

Vorbeugung von Infektionskrankheiten

Um Infektionskrankheiten sinnvoll zu bekämpfen, sind unter anderem aktive und passive Schutzimpfungen anzuraten. Durch die Schutzimpfung wird die Immunität künstlich erzeugt. Bei einer aktiven Immunisierung werden dem Organismus Krankheitserreger in einer nicht mehr gefährlichen Form gegeben, so dass der Körper anfängt, Antikörper zu produzieren. Sie dient hauptsächlich prophylaktischen Zwecken. Bei der passiven Immunisierung werden bereits fertige Antikörper verabreicht. Vorteil hierbei ist ein sofortiger Schutz, Nachteil dagegen die kurze Wirkdauer. Die passive Immunisierung dient allein therapeutischen Zwecken.

Auch eine kombinierte Anwendung von aktiver und passiver Immunisierung ist möglich.

Insbesondere, wenn man Kinder und Hunde im gleichen Haushalt hat, sollte man sehr genau darauf achten, dass beim Hund sämtliche Impftermine eingehalten werden, das regelmäßig entwurmt und eine gewisse Form der Hygiene gewahrt wird. Zum Beispiel sollten sich die Kinder, nachdem sie den Hund angefasst haben und zum Essen kommen, die Hände waschen. Bei kleinen Kindern ist das Immunsystem noch nicht optimal entwickelt und es kann schneller einmal zu Übertragungen von Keimen kommen. Deshalb ist hier eine gute Vorsorge besonders wichtig.

Zwei, die sich verstehen.

VIREN UND BAKTERIEN

Bei den Infektionskrankheiten unterscheidet man zwischen Viruserkrankungen und bakteriellen Erkrankungen. Viren sind sehr kleine infektiöse Teilchen, die keinen eigenen Stoffwechsel haben und sich nicht selbst vermehren können. Sie benötigen den Stoffwechsel lebender pflanzlicher oder tierischer Zellen, um sich zu vermehren. Viren sind gegenüber Antibiotika resistent.
Bakterien hingegen sind einzellige Lebewesen, die sich im lebenden oder toten Körper entwickeln und durch Zellteilung vermehren. Bakterien können z. B. auf künstlichen Nährböden gezüchtet werden.

Viruserkrankungen
Parvovirose

Parvoviren sind weltweit verbreitet. Erste Krankheitssymptome sind Futterverweigerung, Mattigkeit und Erbrechen. Weiterhin tritt Fieber auf und die Tiere haben großen Durst. Es kommt zu einer raschen Abmagerung und Dehydrierung. Die Diagnose erfolgt durch Erreger- bzw. Antigennachweis und durch eine serologische Untersuchung. Die Überlebenschance unter natürlichen Bedingungen liegt etwa zwischen 10 bis 50 %. Hundewelpen erhalten ihren ersten Schutz gegen Parvoviren durch maternale Antikörper in der Kolostralmilch der Mutter. Später erhält der Hund einen optimalen Schutz durch eine Grundimmunisierung mit regelmäßiger Nachimpfung. Therapiert wird die Parvovirose in der Haptsache durch Gabe von isotonischen Salz- und Glukoselösungen, um der starken Dehydrierung entgegenzuwirken. Gegen evtl. auftretende Sekundärinfektionen werden Antibiotika verabreicht.

Hepatitis c.c. (HCC)

Die HCC ist eine canidentypische akute Viruserkrankung, die weltweit verbreitet ist, und tritt in der Regel im ersten Lebensjahr auf. Sie ist hoch ansteckend, eine Übertragung kann direkt erfolgen oder durch Kontakt mit infizierten Gegenständen, Futter usw. Das Krankheitsbild und auch der Krankheitsverlauf sind sehr unterschiedlich. Meist beginnt die HCC mit Fieber, Apathie, Fressunlust, Erbrechen und blutigem Durchfall. Später kommen starke Schmerzen im Abdominalbereich (= Bereich des Rumpfes) und Ödeme an Kopf und Unterbrust hinzu. Die Überlebensrate liegt bei ca. 50 %.

Die Diagnose der HCC ist wegen ihres variablen Krankheitsbildes schwer zu stellen und unterscheidet sich wenig von anderen Infektionskrankheiten. Eine frühe Diagnose erhält man durch eine Antigendarstellung. Weitere sichere Hinweise sind Blutungen in der Bauchhöhle, eine vergrößerte Leber, Verdickung der Gallenblasenwand und Veränderungen im Darmtrakt. Therapiert werden in erster

Nehmen Sie Ihren Hund mit auf Reisen, sollten Sie eventuelle Schutzmaßnahmen gegen Krankheiten vorher mit Ihrem Tierarzt absprechen.

Hunde sollten zu ihrem eigenen und zum Schutz der Menschen regelmäßig geimpft werden.

Linie der Kreislauf sowie die Leberfunktion. Übliche Vorbeugung ist auch hier wieder die Impfung.

Staupe

Die Staupe ist eine hoch ansteckende fieberhafte Viruserkrankung von Hunden und anderen Fleischfressern. Die Übertragung erfolgt direkt oder indirekt durch Aufnahme infizierter Nahrung. Generell sind junge Tiere empfänglicher als ältere. Staupe tritt häufig bei Hunden in Städten oder Zwingern auf, d.h., immer dort, wo es viele Kontakte zwischen Hunden gibt. Symptome sind Fieber, Augen- und Nasenausfluss, Schleimhautkatarrh, Husten, Mandelentzündung, Erbrechen, Durchfall oder auch psychische Veränderungen, Zwangsbewegungen, Krämpfe, Zittern und Lähmungen. Die einzelnen Krankheitsformen gehen je nach Verlauf oft ineinander über. Die sichere Diagnose erfolgt über eine gründliche Anamnese und relativ aufwändige Laboruntersuchungen. Eine ursächliche Therapie der Staupe ist nicht möglich und kann insofern nur symptomatisch unterstützend erfolgen. Im Vordergrund steht auch hier wieder die Prophylaxe durch Immunisierung.

Tollwut

Die Tollwut ist eine akute, in der Regel tödlich verlaufende Infektionskrankheit und weltweit bei Säugetieren verbreitet. Die Übertragung kann durch den Biss eines erkrankten Tieres oder durch Speichel, Urin, Blut und Kot erfolgen. Der klassische Tollwutverlauf umfasst drei Stadien. Als Erstes zeigt das betroffene Individuum ein verändertes Benehmen und zeigt sich nervös, scheu und gereizt. Schluckbeschwerden und vermehrter Speichelfluss sind weitere Symptome. Als Nächstes folgt eine Steigerung der Unruhe mit auftretender Aggression. Im letzten Stadium zeigen sich Lähmungserscheinungen, die den gesamten Körper befallen können, und es tritt unweigerlich nach einigen Tagen der Tod ein. Die Diagnose wird anhand der klinischen Symptome gestellt. Tollwut ist auf den Menschen übertragbar und im fortgeschrittenen Stadium nicht heilbar. Zur Bekämpfung der Tollwut ist der einzig wirksame Schutz die rechtzeitige Impfung.

Bakterielle Erkrankungen
Leptospirose

Die Leptospirose – auch Stuttgarter Hundeseuche genannt – ist eine fieberhafte akute bis chronische Infektionskrankheit, die sowohl Tiere als auch den Menschen weltweit befallen kann. Die Infektion erfolgt über die Haut und die Schleimhäute, die Ausscheidungen der Keime erfolgen über Harn und Speichel. Krankheitssymptome sind Gelbsucht, Urämie (Harnvergiftung) und blutige Brechdurchfälle, begleitet von Fieber und Schmerzen in der Lendengegend. Bei Ver-

> **Wichtig**
>
> *Weitere Viruserkrankungen sind z. B. Herpes, Aujeszkysche Krankheit und Zwingerhusten.*
>
> *Für fast alle Viruserkrankungen gilt, dass das betroffene Tier nach überstandener Krankheit eine lang andauernde Immunität entwickelt.*

dacht auf Leptospirose kann eine kombinierte Penicillin-Antibiotika-Therapie angewandt werden. Wirksamen Schutz erreicht man auch hier durch eine regelmäßige Impfung.

Weitere bakterielle Erkrankungen sind z. B. Tetanus oder Salmonellen-Infektionen.

Mykosen

Als weitere Infektionskrankheiten sind noch die durch Pilzarten hervorgerufenen Mykosen zu nennen. Hier gibt es zwei Hauptgruppen: erstens die so genannten Dermatomykosen, die sich auf die Körperoberfläche, d. h. Haut, Haare, Horn, Nägel beschränken, und zweitens die Endomykosen, die innere Erkrankungen hervorrufen.

In den meisten Fällen verschaffen bei Dermatomykosen desinfizierende Salben Linderung bzw. Heilung.

IMPFSCHEMA

Zeitpunkt	Impfung gegen	Sonstiges
6. Lebenswoche	Parvovirose	
8. Lebenswoche	Staupe Hepatitis Leptospirose Zwinger- bzw. Virushusten	Eine Impfung gegen Zwingerhusten ist anzuraten, wenn der Hund viel Kontakt zu anderen Hunden hat bzw. zur Risikogruppe gehört. Zwingerhusten tritt vermehrt bei Gruppenhaltung (Tierheimen, Hundeplätze) oder auch in Großstädten auf.
10. Woche	Parvovirose	Nachimpfung
12. Woche	Staupe Hepatitis Leptospirose Zwinger- bzw. Virushusten	Impfauffrischung
ab 12. Woche	Tollwut	
jährlich	Parvovirose Staupe Hepatitis Leptospirose Zwinger- bzw. Virushusten Tollwut	Jährliche Impfauffrischung der Grundimmunisierung

Ektoparasiten

Flöhe

Flöhe sind rotbraune, flache Insekten, die durch ihre kräftigen Beinpaare zu enormen Sprungleistungen fähig sind. Sie ernähren sich vom Blut ihrer Wirte. Durch einen Kanal ihrer Mundwerkzeuge saugen sie das Blut in sich hinein und durch einen zweiten Kanal pumpen sie Speichel in das Gewebe des Wirtes. Dieser Speichel ist für allergische Reaktionen, Juckreiz und Schwellungen verantwortlich. Flöhe sind der häufigste Ektoparasit bei Hunden und äußern sich je nach Stärke des Befalls durch Juckreiz, Kratzen oder sogar allergische Reaktionen. Flöhe gelten als Zwischenwirt für Bandwürmer (siehe S. 87) und können diese auf den Hund übertragen. Aus diesem Grund ist ein Flohbefall immer zu behandeln.

Feststellung eines Flohbefalls Einen Flohbefall kann man leicht dadurch feststellen, dass man den Hund kräftig bürstet und die ausgebürsteten Partikel auf ein feuchtes weißes Blatt klopft. Bei einer rötlichen Verfärbung handelt es sich um Flohkot und bestätigt somit den Befall.

Behandlung Es gibt inzwischen verschiedenartige Mittel zur Prophylaxe (z. B. Halsbänder oder Spot-on-Präparate, die dem Hund in den Nackenbereich geträufelt werden) und auch zur Behandlung von Flöhen. Der Tierarzt kann in diesem Fall optimal beraten. Wichtig ist, dass nicht nur das befallene Tier behandelt wird, sondern auch das Umfeld (Decken, Körbe, Teppiche) entsprechend gereinigt werden muss, da sich dort meist schon Floheier eingenistet haben, die für eine weitere Vermehrung der Flöhe sorgen.

Zecken

Zecken oder Holzböcke haben sowohl in der Tiermedizin als auch im Humanbereich eine große Bedeutung als Überträger von Viren und Bakterien. Zecken ernähren sich von Blut und sind in der Lage ein Mehrfaches ihres Eigengewichtes als Nahrung zu sich zu nehmen. So kann eine nur wenige Millimeter kleine Zecke auf Erbsengröße anwachsen. Die regionale Population von Zecken ist ebenso

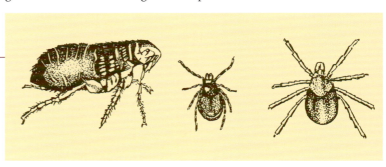

Drei Plagegeister unserer Hunde:
links ein Floh,
in der Mitte ein Zeckenmännchen,
rechts ein Weibchen.

Flöhe können von Hund zu Hund übertragen werden, Zecken lauern im hohen Gras.

unterschiedlich wie die Infektion mit Krankheitserregern. Meist sind die südlichen Teile Deutschlands oder Europas stärker betroffen als die nördlichen. Zeckenbisse an sich sind bis auf eine Entzündung der Bissstelle oder eine allergische Reaktion relativ ungefährlich. Eine Gefahr geht von der Zecke erst als Überträger anderer Krankheiten aus. Die bekanntesten Krankheiten, die durch Zeckenbisse übertragen werden, sind Borreliose und Hirnhautentzündung.

Borreliose

Allein vom klinischen Befund her ist die Borreliose schwer zu diagnostizieren, da das Krankheitsbild sehr schwammig ist.

Symptome Gelenkentzündungen, Lahmheiten und auch neurologische Ausfallerscheinungen. Weitere Hinweise sind Fieber, Apathie und Appetitlosigkeit. Klarheit verschafft jedoch nur eine serologische Untersuchung.

Vorbeugung Es gibt entsprechend behandelte Halsbänder. Am sichersten ist es, den Hund in der Zeckensaison jeden Tag zu kontrollieren. Im kurzen Fell des Ridgebacks sieht man die Zecken oft schon, wenn sie sich noch nicht festgesaugt haben und kann sie sofort entfernen. Hat sich ein Tier erst einmal festgesaugt, sollte man es umgehend entfernen. Dabei ist die Drehrichtung völlig gleichgültig. Auf Hilfsmittel wie Benzin oder Nagellackentferner sollte man jedoch verzichten.

Behandlung Ist der Hund nachweislich an Borreliose erkrankt, hilft nur noch die Therapie des Tierarztes in Form von Cortison und Antibiotika. Es ist auch bereits ein Mittel auf dem Markt, mit dem man gegen bestimmte Borreliose-Erreger impfen kann.

Demodexmilben

Demodexmilben kommen sowohl bei Hunden als auch bei Katzen vor und leben in den Haarfollikeln ihrer Wirte. Tiere, die älter als ein Jahr sind, sind für einen Demodexbefall unempfänglich. Bei starkem Befall besiedeln die Milben auch die Talgdrüsen und können bei Zerstörung von Haarwurzeln durch die Lymphe in den gesamten Körper gelangen. Demodex ist besonders beweglich in warmer Haut, so dass insbesondere eine Ansteckung von einer infizierten Hündin auf ihre Welpen möglich ist.

Symptome Demodex ist weit verbreitet, zeigt aber nur selten klinische Symptome. Hunde mit einem intakten Immunsystem erkranken weitaus seltener an Demodex als Hunde mit geschwächter Gesundheit. Insbesondere während des Zahnwechsels sind Hunde anfällig für die Demodexmilben. Ein Befall zeigt sich zunächst an Kopf, Nase, Ohren und Umgebung der Augen, anschließend an Hals, Pfoten und Rumpf. Es entstehen kahle Stellen, die immer größer werden und ineinander verschmelzen. Juckreiz tritt selten auf.

Eine andere Form der Demodikose tritt erst bei älteren Tieren auf, ist sehr hartnäckig und kann in schweren Fällen tödlich verlaufen.

Behandlung Je jünger ein Tier ist, desto besser ist diese Form der Erkrankung zu behandeln. Stärkung des Immunsystems in Verbindung mit lokalen Anwendungen spezieller Mittel verschaffen Linderung und Heilung.

Endoparasiten (Darmparasiten)

Würmer

Würmer sind die häufigsten Darmparasiten, die bei Hunden auftreten. Es gibt verschiedene Arten von Würmern, die unterschiedliche Beschwerden verursachen und mehr oder weniger gefährlich sind.

Am häufigsten wird der **Spulwurm** angetroffen (fast 100 % aller untersuchten Welpen!). Je nach Befall sind typische Symptome Durchfall und Erbrechen, Abmagerung bei aufgedunsenem Bauch. Wird ein Wurmbefall nicht umgehend behandelt, entwickeln sich die Larven weiter und können durch die Darmwand in die Leber eindringen, von dort wandern sie in die Lunge und werden ausgehustet. So gelangen wiederum einige davon in den Darm, legen erneut Eier und der Kreislauf ist geschlossen. Dies hat für das Tier dramatische Folgen und kann unter Umständen zum Tod führen. Allerdings gibt es heute in der Tiermedizin eine Reihe von Mitteln zur Bekämpfung des Wurmbefalls. Hat man einen Wurf mit Welpen, müssen – um den Kreislauf der erneuten Aufnahme von Wurmeiern – immer Mutter und Welpen und auch andere im Haus lebende Hunde/Katzen mitentwurmt werden. Welpen können bereits ca. 14 Tage nach der

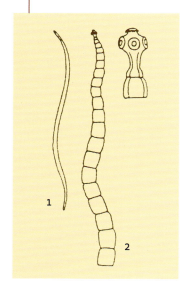

1 Spulwurm
2 Bandwurm

Geburt das erste Mal entwurmt werden. Um sicherzustellen, dass kein Wurmbefall mehr vorliegt, entwurmt man in regelmäßigen Abständen bis ca. zur zehnten Lebenswoche. Erwachsene Hunde werden je nach ihren Lebensumständen (Reitstall, Mäusekonsum etc.) mindestens einmal jährlich entwurmt.

Obwohl die heutigen Medikamente gegen Würmer in der Regel sehr gut vertragen werden, sollte man, bevor sie dem Hund verabreicht werden, sicherstellen, dass er keine gesundheitlichen Probleme hat. Insbesondere Welpen müssen frei von Durchfall oder sonstigen Erkrankungen sein, um die Belastung für den Körper möglichst gering zu halten.

Weitere Wurmarten

Peitschenwürmer sind Blutsauger und eher für Welpen oder bei einem sehr starken Befall ein Problem.

Hakenwürmer sind in unseren Breiten nicht anzutreffen. Bei Urlaub im Mittelmeerraum besteht jedoch die Möglichkeit, dass sich Hunde über infizierten Hundekot anstecken. Eine anschließende Wurmkur erscheint aus diesem Grunde ratsam.

Bandwürmer befallen das Tier nicht direkt, sondern benötigen einen Zwischenwirt, z. B. den Floh. Die Zwischenwirte haben infektiöse Finnen in sich, aus denen dann der Bandwurm heranwächst. Unter anderem vermehren sich Bandwürmer durch Abschnüren einzelner Wurmglieder. Diese Bandwurmglieder verursachen starken Juckreiz am After – der Hund „fährt Schlitten", d.h., er rutscht auf dem Po hin und her. Die Bandwurmglieder sind mit dem bloßen Auge sichtbar.

> ### Wichtig
>
> *Für den Menschen besteht bei allen Wurmarten Ansteckungsgefahr. Allerdings sind die Auswirkungen sehr unterschiedlich. Manche Würmer können sich im Menschen nicht weiterentwickeln, andere wiederum machen schwerwiegende Probleme. Insofern sollte man immer dafür sorgen, dass der eigene Hund keine Ansteckungsquelle darstellt und ihn entsprechend behandeln, insbesondere wenn Kinder im Haushalt leben. Die heutigen Mittel gegen Wurmbefall finden meist völlig ohne Nebenwirkungen Anwendung und bilden eine hervorragende Prophylaxe.*

Nach dem Fressen sollten Hunde möglichst nicht toben, um eine Magendrehung zu vermeiden.

Erkrankungen des Verdauungsapparates

Magen- und Darmerkrankungen

Erkrankungen des Magens und/oder Darmes sind bei Hunden relativ häufig anzutreffen. Jedoch ist allein das Symptom „Erbrechen" nicht ausreichend für die richtige Diagnose. Fleischfresser (Carnivoren) erbrechen nämlich leicht – insbesondere um Unverdauliches wieder auszuscheiden – und gelegentliches Erbrechen ist kein Anlass zur Sorge und muss in der Regel nicht behandelt werden. Immer ist der allgemeine Zustand in Verbindung mit anderen Begleiterscheinungen des Tieres zu beachten. Erbrechen über einen längeren Zeitraum in Verbindung mit Durchfall, Abmagerung, Apathie, stumpfem Fell, verändertem Trinkverhalten usw. muss unbedingt tierärztlich untersucht und behandelt werden. Manchmal führt auch Stress oder Aufregung bei sensiblen Tieren zum Erbrechen.

Magendrehung

Die wohl gefährlichste Krankheit des Verdauungsapparates ist die so genannte Magendrehung. Sie tritt in der Regel bei großen Rassen auf und führt, wenn sie nicht umgehend behandelt wird, rasch zum Tode. Aus bis heute noch nicht geklärten Ursachen dreht sich der meist halbvolle Magen um seine Längsachse und schnürt den Mageneingang und -ausgang ab. Die im Magen eingeschlossene Nahrung beginnt zu gähren und der Magen bläht sich sehr stark auf. Dadurch kommt es zu einem Durchbruch der Magenwand, der Inhalt entleert sich in die Bauchhöhle und führt unweigerlich zum Tod.

Einer Magendrehung gehen deutliche Symptome voraus, wie z. B. zunehmender Bauchumfang, Kreislaufschwäche, Atemnot und kolikartige Schmerzen. Des Weiteren nimmt das betroffene Tier die für die Magendrehung typische Stellung ein, d. h., es legt sich nicht mehr hin, sondern steht mit vorgestrecktem Kopf und versucht vergeblich, sich zu erbrechen. Bei der Diagnose Magendrehung ist nur noch eine Operation möglich, um das Leben des Hundes zu retten. Gleichzeitig muss der Kreislauf stabilisiert werden.

Mit „leerem" Magen sind solch ausgelassene Fangspiele kein Problem.

ANALBEUTELENTZÜNDUNG

Ein quälendes, häufig anzutreffendes Problem bei Hunden ist die Analbeutelentzündung. Bei den Analbeuteln handelt es sich um zwei paarig angelegte Duftdrüsen am After des Hundes, deren Sekret sich normalerweise mit dem Absatz von Kot entleert. Ist der Kot zu weich, kommt es nicht zur Entleerung und die Drüsen entzünden sich. Dies äußert sich durch Beschwerden beim Kotabsatz, Belecken und Beißen der Analgegend. Eine akute Entzündung ist sehr schmerzhaft und kann mit Blutungen einhergehen. Regelmäßiges Ausdrücken der Analdrüsen durch den Tierarzt kann helfen, ggf. sind auch Spülungen angezeigt. In hartnäckigen Fällen können diese Drüsen auch operativ entfernt werden.

Herz-Kreislauf-Erkrankungen

Störungen im Herz-Kreislauf-System können lebensbedrohlich werden, wenn sie nicht rechtzeitig erkannt werden, da das Herz eine wichtige Stellung zur Aufrechterhaltung des Kreislaufes einnimmt. Es gibt die verschiedensten Arten von Herzerkrankungen, deren Diagnose allein der Tierarzt oder ggf. nur ein Spezialist feststellen kann, z. B. Herzbeutelerkrankungen, Herzrhythmusstörungen, Herzmuskelerkrankungen usw. Folgende Symptome können auf eine Erkrankung des Herzens hindeuten: Husten, Atemnot, bläuliche Verfärbung der Schleimhäute, Schwäche, Schwindel, Ödeme, beschleunigter Puls, Vergrößerung von Leber und Milz u. a. Chronische Herzerkrankungen entwickeln sich schleichend und sind oft über einen längeren Zeitraum unerkannt. Die betroffenen Hunde scheinen einfach nur weniger belastbar. Wenn man seinen Hund gut kennt, wird man schnell feststellen, ob er sich wohl fühlt oder ob er leidet. Je nach Art der Erkrankung muss der Tierarzt dann die Form der Therapie bestimmen.

Ein gesunder und vitaler Ridgeback-Rüde.

Cerebrale Anfallskrankheiten (Epilepsie)

Unter Epilepsie versteht man Anfälle, die in gewissen Abständen immer wieder auftreten. Zwischen den einzelnen Anfällen erscheinen die Tiere völlig gesund. Die Krämpfe treten in der Regel mit Bewusstseinsverlust oder zumindest einer Herabsetzung des Bewusstseins auf. Epilepsie tritt hauptsächlich zwischen dem zweiten und vierten Lebensjahr auf und kann erblich sein oder auch andere Ursachen haben.

Die genetisch bedingte erbliche Form wird als primäre Epilepsie bezeichnet und die durch Krankheit erworbene als sekundäre Epilepsie. Je nachdem, welche Form vorliegt, gestaltet sich auch der Schweregrad einer Krankheit. Mit Hilfe von Tabletten kann ein Hund über längere Zeiträume beschwerdefrei eingestellt werden. Eine Heilung gibt es nicht.

Schnell kann ein Fremdkörper ins Ohr geraten und Probleme bereiten.

Augenerkrankungen

Die häufigsten Augenerkrankungen sind akute und chronische Bindehautentzündungen ggf. mit Follikelbildung und das so genannte Entropium und Ektropium.

Bindehautentzündung Eine gesunde Bindehaut ist rosa gefärbt und glänzt etwas. Bindehäute, die eine andere Färbung haben, können ein Hinweis auf verschiedene Erkrankungen wie z. B. Gelbsucht oder Anämie (Blutarmut) sein. Bindehautentzündungen werden oft durch Fremdkörper hervorgerufen, die in das Auge gelangt sind, oder entstehen durch die Reibung von Follikeln (winzige glasige Bläschen, die in der Regel bei jungen Hunden an der inneren Oberfläche der Nickhaut auftreten). Auch sonstige Verletzungen können eine Bindehautentzündung hervorrufen.

Entropium Hier handelt es sich um eine Einwärtskehrung des Lidrandes, die sowohl angeboren als auch erworben sein kann.

Ektropium Hierunter versteht man eine Auswärtskehrung des Lidrandes. Diese beiden Anomalien können operativ beseitigt werden, falls sie größere Beschwerden verursachen.

Progressive Retina Atrophie (PRA) Eine weitere Augenerkrankung, die leider immer wieder auftritt und die als erblich eingestuft wird, ist die PRA. Bei dieser Krankheit löst sich die Netzhaut des Auges ab und der Hund erblindet. Das Fatale an dieser Erkrankung ist ihre komplizierte Diagnose und dass die Tiere erst im fortgeschrittenen Alter daran sichtbar erkranken. In diesem Fall sind betroffene Hunde vielleicht schon im Zuchteinsatz gewesen und haben dadurch zur Verbreitung der PRA beigetragen.

Augenerkrankungen gehören auf jeden Fall in die Hand des Tierarztes!

Ohrenerkrankungen

Zu den Erkrankungen des Ohres gehören Ohrrandekzeme, Dermatosen, Entzündungen des äußeren und inneren Gehörgangs und des Mittelohres. Je nach Art der Erkrankung gibt es verschiedene Ursachen. Für Ohrrandekzeme und Dermatosen sind in der Hauptsache Milben, Läuse, Haarlinge oder sogar Mücken und Fliegen verantwortlich. Für die verschiedensten Ohrentzündungen sind Bakterien, Pilze, Verschmutzung oder auch Fremdkörper die Ursache.

Ohrprobleme machen sich durch Schütteln und Schiefhalten des Kopfes bemerkbar. Des Weiteren durch Rötungen und Verkrustungen, schlechten Geruch und Absonderungen oder Schwellungen. Es gibt einige Hausmittel, auf die Ohrerkrankungen sehr gut ansprechen, z. B. hilft Ballistol-Öl bei Milbenbefall oder Puderzucker bzw. Honig (äußerlich angewendet) bei Ohrrandekzemen. Tritt keine baldige Besserung ein, können Ohrerkrankungen schnell chronisch werden und müssen dann tierärztlich behandelt werden.

Hauterkrankungen

Ridgebacks leiden ziemlich häufig an Hautkrankheiten, da sie vermutlich sehr empfindlich auf negative Umweltfaktoren mit Allergien reagieren. Das können Waschmittel sein, mit denen die Hundedecken behandelt worden sind, oder Reaktionen auf bestimmte Futtermittel. Während der Pubertät neigen Ridgebacks insbesondere zur Akne am Kinn und auch zur so genannten Nesselsucht, bei der je nach Befall am Kopf beginnend über den ganzen Körper unterschiedlich große Quaddeln auftreten, die einen starken Juckreiz auslösen. Hautprobleme sind sehr gut homöopathisch zu behandeln oder verschwinden auch, wenn man das Futter umgestellt hat.

Krankheiten des Bewegungsapparates

Hüftgelenksdysplasie (HD)

Die HD ist eine Entwicklungsstörung mit erblicher Veranlagung, bei der die Hüftgelenkspfanne nicht zum Kopf des Oberschenkelknochens (Femurkopf) passt. Dies führt zu einer unzureichenden Stabilität des Hüftgelenkes. HD tritt insbesondere bei mittelgroßen und großen Hunderassen auf. Betroffen können beide Gelenke sein oder aber nur eine Seite des Hüftgelenks. Untersuchungen haben ergeben, dass insbesondere schnellwüchsige große Rassen betroffen sind, die übermäßig einweißreich gefüttert wurden. Hier gilt es also nicht getreu dem Motto: „Viel hilft viel", sondern eine knappe Fütterung mit geringem Proteingehalt (ca. 24 % sind völlig ausreichend)

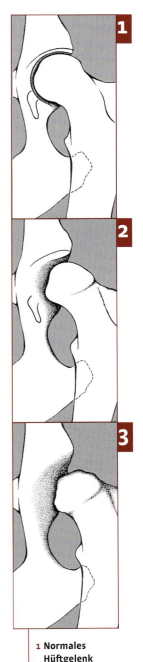

1 Normales Hüftgelenk
2 Mittlere HD
3 Schwere HD

> **SCHWEREGRADE DER HD**
>
> Es gibt verschiedene Schweregrade der HD – diese werden in Deutschland z. B. folgendermaßen klassifiziert:
> - A – HD-frei
> - B – Übergangsform oder HD-Verdacht
> - C – leichte HD
> - D – mittlere HD
> - E – schwere HD

ist hier in jedem Fall gesünder. Auch eine zu frühe einseitige Belastung (Springen, Begleitung am Fahrrad oder Pferd, Treppensteigen) kann dazu beitragen, dass aus einer leichten HD eine schwere HD wird.

Feststellung einer HD

Die HD kann erst beim ausgewachsenen Hund per Röntgendiagnostik festgestellt werden. Dazu muss der Hund ausreichend sediert sein, damit die Muskeln erschlafft sind und man einen korrekten Befund erhält. Lahmheiten können ein Anzeichen für eine HD oder deren Sekundärerkrankung wie z. B. Arthrose sein, wobei es aber unerheblich ist, wie schwer ein Hund erkrankt ist. Bei schwerer HD kann dies zu hochgradiger Lahmheit und sogar zum Nachschleppen der Hinterhand führen. Gut trainierte Hunde mit einer muskulösen Hinterhand vermögen eine mittlere HD sehr gut zu kompensieren.

Ist der Hund schwerer erkrankt, gibt es verschiedene medizinische Möglichkeiten, um ihn für lange Zeit beschwerdefrei zu halten. Dies können Medikamente sein. Aber auch ein operativer Eingriff mit dem kompletten Ersetzen des Hüftgelenks ist in der heutigen Zeit durchaus möglich.

Ellenbogendysplasie (ED)

Die ED ist eine Wachstumsstörung im Ellenbogengelenk, tritt bereits beim Junghund auf und wird durch immer wiederkehrende Lahmheiten angezeigt. Dabei können winzige Knochenteilchen absplittern und schmerzhafte Entzündungen und Arthrosen hervorrufen. Die ED kann ein- oder beidseitig auftreten und ist nur durch Röntgendiagnostik feststellbar. Eine Operation kann den Hund für den Rest seines Lebens beschwerdefrei werden lassen.

Osteochondrose (OCD)

Die OCD ist eine Knorpelerkrankung, bei der sich winzige Knorpelteilchen vom Knochen lösen und zu schmerzhaften Entzündungen führen. Wie bei der ED betrifft diese Form der Erkrankung meist junge Hunde, die sich noch in der Entwicklung befinden. Ursachen

> **Wichtig**
>
> *Um der HD entgegenzuwirken ist es Pflicht, einen Hund, der in die Zucht soll, zu röntgen. Die Art und Weise der Röntgentechnik ist hierbei von Seiten des VDH und seiner Mitgliedsvereine genau vorgeschrieben. Es darf nur mit gesunden Ridgebacks (Befund A oder B) gezüchtet werden. Durch diese Maßnahmen sind in der Ridgebackpopulation mehr als 80 % aller untersuchten Hunde HD-frei. Auch die ED-Untersuchung ist Vorschrift, wenn ein Ridgeback in die Zucht soll, da ausschließlich ED-freie Ridgebacks sich verpaaren dürfen. Das Röntgen auf ED erfolgt zusammen mit der Untersuchung auf HD.*

für diese Form der Erkrankung können verschiedener Art sein, z. B. Traumen, falsche Ernährung, Überanstrengung oder eine erbliche Disposition.

Anzeichen für eine OCD sind ebenfalls wie bei der HD und ED auftretende Lahmheiten. Schmerzmittel, die allerdings nicht das eigentliche Problem lösen, sind eine Behandlungsmöglichkeit. Ein operativer Eingriff kann auch hier den Hund langfristig von seinen Beschwerden befreien. Auch die OCD ist zuchthygienisch wie die HD und ED zu behandeln und eine Erkrankung führt zum Zuchtausschluss des betreffenden Tieres.

Dermoid Sinus (DS)

Die wohl einzige Krankheit, die für den Rhodesian Ridgeback eine nachweisliche Rassedisposition hat, ist der so genannte Dermoid Sinus (siehe auch S. 103). Dabei handelt es sich um eine kanalartige Einstülpung der Haut, die durch eine Störung während der frühen embryonalen Entwicklung entsteht. Dieser Kanal kann verschieden lang ausgeprägt sein und sogar bis zu den Wirbelkörpern der Hals- oder Rückenwirbel reichen und auch dort festgewachsen sein. An der Hautoberfläche besteht der DS aus einer winzigen Öffnung, aus der meist wenige dunkle Haare herauswachsen. Ohne diese Öffnung spricht man von einer Dermoidzyste. Diese beiden Formen des DS kann man mit etwas Übung bereits beim Welpen ertasten. Dazu zieht man die Haut mit der einen Hand etwas hoch und streicht mit Daumen und Zeigefinger der anderen Hand seitlich das Fell ab. Ein DS fühlt sich wie ein Faden an, der festgewachsen und nicht verschiebbar zu sein scheint. Ist man sich nicht sicher, kann man die verdächtige Stelle rasieren, so dass dort eine winzige Öffnung sichtbar wird. Beim Zusammenschieben der Haut entsteht an dieser Stelle eine eindeutige Falte. DS kommt in der Regel im Bereich des Nackens oder auf der Kruppe bis zum Rutenansatz vor. Seltener am Kopf und fast nie im Bereich des Ridges.

Ein DS macht am Anfang je nach Schweregrad kaum Beschwerden. Allerdings können im Laufe der Zeit Schmutz, abgestorbene Hautpartikel, Schuppen oder Keime in die Hautöffnung eindringen, die dann

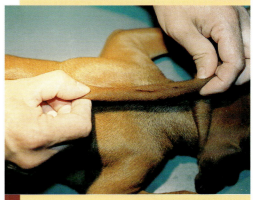

1 Der Dermoid Sinus kann sowohl im Bereich des Nackens...

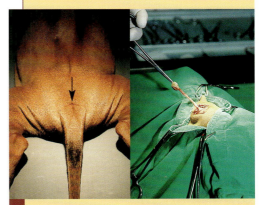

2 als auch im Bereich der Rute vorkommen und muss unbedingt operativ entfernt werden,...

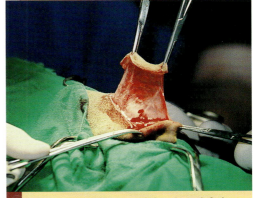

3 ...damit der Hund später ein beschwerdefreies Leben führen kann.

für Entzündungen sorgen. Wird diese Entzündung nicht behandelt, entwickelt sich daraus bald ein eitriges Geschwür, im schlimmsten Fall kann sich sogar das Rückenmark entzünden. Aus diesem Grund werden alle geborenen Welpen vom Zuchtwart auf DS hin untersucht und es wird eine operative Entfernung der Zysten noch beim Züchter vor Abgabe an den neuen Besitzer vorgeschrieben. Ein operierter Hund hat die gleiche Lebenserwartung wie ein Hund, der frei von DS ist. Allerdings sind betroffene Hunde von der Zucht ausgeschlossen.

Die hier genannten Krankheiten sind nur eine geringe Auswahl aus dem Gesamtspektrum von Erkrankungen, die unseren Hund leider ereilen können. Ridgebackspezifische Krankheiten gibt es in diesem Sinne nicht, außer den Dermoid Sinus, der aber auch bei anderen Rassen und sogar beim Wolf vorkommen kann. Für andere Anomalien, z. B. Knochen- und Gelenkerkrankungen, Tumorerkrankungen usw., sind Erblichkeiten nicht immer nachgewiesen. Damit ein Tier erkrankt, bedarf es immer mehrerer Faktoren. Sicher ist eine genetische Disposition nicht ganz auszuschließen, aber auch Ernährung, falsche Bewegung, nicht artgerechte Haltung und Stress können den Schweregrad einer Erkrankung beeinflussen. Ein Tier, das nicht gesund an Leib und Seele ist, gehört nicht in die Zucht – ganz gleich, ob man von Erblichkeit spricht oder nicht.

Pure Lebensfreude!

Fit durchs Leben

Bei vielen Erkrankungen, insbesondere den chronischen, kann man sehr gut homöopathisch behandeln. Man sollte diese alternative Heilmethode immer mit einbeziehen, um seinen Hund möglichst schonend zu behandeln. Allerdings stößt die Homöopathie auch an ihre Grenzen – hier gilt es zu erkennen, wann schulmedizinische Hilfe notwendig wird. Ein guter Homöopath kennt seine Grenzen und wird Sie rechtzeitig darauf hinweisen, wenn er mit „seinem Latein am Ende ist". Ein richtig ernährter und artgerecht gehaltener Ridgeback mit einem gesunden Immunsystem ist sicher weniger krankheitsanfällig als ein fehlernährter und falsch gehaltener Hund. Auch Stress kann zur Schwächung des Immunsystems beitragen. Hunde, die anfällig für Krankheiten sind, leiden meist auch unter einem so genannten Fitnessverlust, d. h., sie sind nicht nur krankheitsanfälliger, sondern altern auch schneller und sterben früher. Gerade beim Ridgeback gibt es große Unterschiede in dieser Beziehung. Manchmal trifft man Ridgebacks, die mit zehn Jahren stark ergraut sind und denen man auch sonst das Alter ansieht. Andere wiederum sind topfit, haben kein weißes Haar und joggen noch regelmäßig mit Herrchen oder Frauchen um den Block. Diese Fitness gilt es in der Zucht zu bewahren.

Kastration

Das Kastrieren sowohl von Rüden als auch von Hündinnen ohne medizinische Indikation ist ein sehr umstrittenes Thema. Alles ist möglich, man muss es nur mit seinem Gewissen vereinbaren können. In manchen Ländern ist es üblich, Hunde bereits vor der Geschlechtsreife kastrieren zu lassen. Das bedeutet aber, dass die Entwicklung noch nicht abgeschlossen ist und dies kann wiederum unter Umständen das Wachstum beeinflussen und die Hunde bleiben in ihrem gesamten Erscheinungsbild und auch im Wesen juveniler. Es kann vorkommen, dass sie von anderen Hunden beiderlei Geschlechts nicht richtig eingeordnet werden können und dann als Folge mehr oder weniger heftigen Angriffen ausgesetzt sind.

Hündinnen können kastriert werden, wenn Sie sehr stark unter Scheinträchtigkeit leiden. Dass eine Hündin mindestens einmal geworfen haben soll oder nach einer Trächtigkeit die Scheinschwangerschaft nicht mehr auftritt, ist übrigens ein Märchen.

Eine Kastration kann auch Gesäugetumoren vorbeugen, da die Hündin dadurch keinen hormonellen Schwankungen mehr ausgesetzt ist. Eine Folge der Kastration bei der Hündin kann Harninkontinenz sein.

Beim Rüden ist eine Kastration anzuraten, wenn er sehr triebhaft ist oder aber Prostataprobleme (Harnträufeln und Schwierigkeiten beim Kot absetzen) hat. Auch hier spielt das Alter eine nicht unerhebliche Rolle.

In allen Fällen ist es immer besser, sich verschiedene Meinungen anzuhören und erst zu entscheiden, wenn man alle Risiken und Vorteile gegeneinander abgewogen hat.

> **Wichtig**
>
> *Im Laufe der Jahre bilden sich beim Hund verschiedene Verhaltensmuster aus, die durch den medizinischen Eingriff einer Kastration nicht zu 100 % behoben werden können. Ein hypersexuell veranlagter Hund bleibt immer an Hündinnen interessiert und ein aggressiver Hund wird nicht automatisch durch eine Kastration lammfromm.*

Ridgebacks im Alter

Auf gute alte Tage.

Bereits wenn man die Anschaffung eines Welpen plant, muss man daran denken, dass aus diesem kleinen Hund in ca. acht bis zehn Jahren ein alter Hund wird.

Das Älterwerden ist ein schleichender Prozess, an den sich Hund und Mensch langsam gewöhnen können. Meist fängt es beim Ridgeback zwischen dem achten und zehnten Lebensjahr an, dass man die ersten altersbedingten Zeichen wahrnimmt. Diese können unterschiedlicher Art sein, je nachdem, wo der Hund seine Schwachstellen hat. Gelenkprobleme und Herzbeschwerden stehen durch altersbedingten Verschleiß an erster Stelle. Hunde ergrauen um die Schnauze herum, am Kopf und an den Vorderläufen, die Sehkraft und das Gehör lassen nach. Außerdem stellen sich geschlechtsspezifische Erkrankungen wie Gesäugetumoren, Gebärmutterentzündung bei der Hündin und Prostatabeschwerden beim Rüden ein. Die Bewegungen des Hundes sehen nicht mehr so geschmeidig aus, längere Spaziergänge werden immer anstrengender, dafür nimmt das Bedürfnis nach Ruhe und Schlaf zu. Als verantwortungsbewusster Hundehalter muss man diese Bedürfnisse erkennen und ihnen Rechnung tragen. Mehrere kurze Spaziergänge am Tag, energieärmeres Futter und ein warmer Liegeplatz sind jetzt angezeigt. Bei Kreislaufschwäche sollte der alte Ridgeback im Sommer nur in den frühen Morgenstunden oder späten Abendstunden bewegt werden und auf gar keinen Fall im warmen Auto zurückgelassen werden.

Schöne Stunden gemeinsam genießen

Stellen Sie Ihren Ridgeback nicht auf das Abstellgleis, nur weil er nicht mehr so leistungsfähig ist wie früher. Ein alter Hund kann durchaus noch sehr viel Freude am Leben haben. Hunde kennen keine Vergangenheit und keine Zukunft, sondern sie leben in der Gegenwart mit all ihren Gefühlen, Freuden und Ängsten. Das Schöne am alten Hund ist, dass jetzt eine Phase des Miteinanders gekommen ist, wo oft schon ein Blick genügt und der eine weiß, was der andere möchte.

Wenn Ihr Hund Medikamente benötigt, dann achten Sie – besonders im Alter – peinlichst darauf, dass sie genau nach Anweisungen gegeben werden.

Wenn der Fall eintritt und das Leben Ihres Ridgebacks ist nur noch eine Qual, dann haben Sie die Pflicht, Ihren Hund zu erlösen und ihn einschläfern zu lassen. Die Entscheidung, wann der richtige Zeitpunkt gekommen ist, ist schwer, aber wenn man seinen Hund kennt, dann weiß man eigentlich, wann es Zeit ist, den letzten Weg zusammen zu gehen. Bleiben Sie bei ihm und halten Sie ihm die Pfote, das sind Sie ihm schuldig – Ihr Hund würde das für Sie auch tun.

> **Tipp**
>
> Wenn man mit dem Hund unterwegs ist, muss man immer genügend frisches Wasser dabeihaben, damit er sich zwischendurch erfrischen kann. Auch ein mit Wasser getränktes Handtuch, das man dem Hund auf den Körper legt, kann Abhilfe schaffen und einem Kreislaufkollaps vorbeugen.

Zucht

FCI-STANDARD NR. 146 (übersetzt von J. Eberhardt)

Standard erstellt von der Kennel Union des Südlichen Afrika und dem Simbabwe Kennel Club.
Ursprung Südliches Afrika.

Verwendung Der Rhodesian Ridgeback wird noch immer zur Jagd von Wild in vielen Teilen der Welt verwendet, aber wird besonders geschätzt als Wachhund und Familienmitglied.

Klassifikation Gruppe 6: Laufhunde, Schweißhunde und verwandte Rassen.
Sektion 3: Verwandte Rassen.
Ohne Arbeitsprüfung.

Kurzer geschichtlicher Abriss Der Rhodesian Ridgeback ist gegenwärtig die einzige anerkannte Rasse, die dem südlichen Afrika entstammt. Seine Ahnen können zurückverfolgt werden zur Kapkolonie, wo sie sich sowohl mit den Hunden der frühen Pioniere vermischten als auch mit den halbdomestizierten Hottentottenhunden, die einen Rückenkamm hatten. Meist in Gruppen von zwei oder drei Hunden jagend, war die ursprüngliche Aufgabe des Rhodesian Ridgebacks, Großwild, hauptsächlich Löwen, aufzuspüren und mit großer Behändigkeit am Stand zu halten, bis der Jäger herangekommen war. Der Originalstandard, von F. R. Barnes 1922 in Bulawayo, Rhodesien aufgestellt, gründete auf dem Dalmatiner-Standard und wurde von der Kennel Union des Südlichen Afrika 1926 anerkannt.

Allgemeines Erscheinungsbild Der Rhodesian Ridgeback sollte einen ausgewogen gebauten, starken, muskulösen, wendigen und aktiven Hund darstellen, symmetrisch im Profil und bei mittlerer Geschwindigkeit äußerst ausdauernd. Das Hauptaugenmerk ist auf Beweglichkeit, Eleganz und funktionale Gesundheit ohne irgendwelche Tendenzen zu einer massiven Erscheinung zu legen. Die Besonderheit der Rasse ist der Rückenkamm ("Ridge"), der dadurch entsteht, dass die Haare in Gegenrichtung zu der am übrigen Körper wachsen. Der Rückenkamm ist das Wappenzeichen der Rasse. Er muss klar abgegrenzt sein, symmetrisch und zu den Hüfthöckern hin schmaler werden. Er muss unmittelbar hinter den Schultern beginnen und bis zu den Hüfthöckern reichen. Der Rückenkamm darf nur zwei Wirbel ("Crowns") aufweisen, die dieselbe Form haben und einander gegenüberliegen. Die Unterkanten der Wirbel dürfen nicht über das obere Drittel des Rückenkammes hinausgehen. Ein guter Durchschnittswert für die Breite des Rückenkammes ist 5 cm.

Verhalten/Charakter Würdevoll, intelligent, Fremden gegenüber zurückhaltend, aber ohne Anzeichen von Aggressivität oder Scheu.

Kopf
Oberkopf
Schädel Sollte von mittlerer Länge sein (Breite zwischen den Behängen, Entfernung vom Hinterhauptstachel bis zum Stirnabsatz, vom Stirnabsatz zur Nasenspitze sollten gleich sein), flach und breit zwischen den Behängen, in entspannter Haltung keine Faltenbildung am Kopf.
Stop Der Stirnabsatz sollte recht gut markiert sein: Das Profil darf nicht in einer Geraden vom Hinterhauptstachel zur Nasenspitze verlaufen.

Gesichtsschädel
Nasenschwamm Die Nase sollte schwarz oder braun sein. Eine schwarze Nase sollte mit dunklen Augen, eine braune Nase mit bernsteinfarbenen Augen einhergehen.
Fang Der Fang sollte lang, tief und kräftig sein.
Lefzen Die Lefzen sollten straff sein und an den Kiefern anliegen.
Kiefer/Zähne Starke Kiefer mit einem perfekt schließenden und vollständigen Scherengebiss. Das heißt, dass die oberen Schneidezähne die unteren Schneidezähne dicht übergreifen und senkrecht im Kiefer stehen. Die Zähne müssen gut entwickelt sein, besonders die Fangzähne.

Backen Keine Backen.
Augen Sollten mäßig weit voneinander eingesetzt sein, rund, klar und funkelnd, mit intelligentem Ausdruck. Ihre Farbe soll mit der Fellfarbe harmonieren.
Behang Sollte ziemlich hoch angesetzt sein, von mittlerer Größe, recht breit am Ansatz und sich zu einer abgerundeten Spitze verjüngen. Er sollte am Kopf anliegend getragen werden.

Hals Sollte ziemlich lang sein, kräftig und ohne lose Kehlhaut.

Körper
Rücken Kraftvoll
Lenden Stark, muskulös und leicht gewölbt.
Brust Sollte nicht zu breit sein, aber sehr tief und geräumig; der tiefste Punkt des Brustbeins sollte in Höhe des Ellenbogenpunktes liegen.
Vorbrust Sollte, von der Seite gesehen, sichtbar sein.
Rippen Mäßig gewölbt, niemals tonnenförmig.

Rute Am Ansatz kräftig, zur Rutenspitze hin allmählich dünner werdend, nicht grob. Von mäßiger Länge, weder zu hoch noch zu tief angesetzt, leicht gebogen getragen, aber niemals geringelt.

Gliedmaßen
Vorderhand Die Vorderläufe sollten vollständig gerade sein, stark und mit kräftigen Laufknochen, die Ellenbogen am Rumpf anliegen. Von der Seite gesehen sollte der Vorderlauf breiter sein, als von vorn gesehen. Starke Vorderfußwurzelgelenke, Vorderfuß leicht geneigt gestellt.
Schultern Die Schultern sollten sich, schräg liegend, klar abzeichnen und, muskulös, große Geschwindigkeit erahnen lassen.
Hinterhand Die Bemuskelung der Hinterhand sollte schlank sein, die Knie gut gewinkelt, der Hintermittelfuß kurz.

Pfoten Rund, mit eng aneinander liegenden und gut gewölbten Zehen.

Gangwerk Mit gutem Raumgriff, frei und rege.

Haarkleid
Haar Sollte kurz und dicht sein, glatt und glänzend im Aussehen, aber weder wollig noch seidig.
Farbe Hell weizenfarben bis rot weizenfarben. Ein wenig Weiß an der Brust und den Zehen ist statthaft, ausgedehnte weiße Behaarung hier, am Bauch oder oberhalb der Zehen ist unerwünscht. Ein dunkler Fang und dunkle Behänge sind statthaft. Zu viele schwarze Haare im ganzen Fell sind äußerst unerwünscht.

Größe Die erwünschten Widerristhöhen sind bei:
Rüden: 63,5 cm bis 69,5 cm
Hündinnen: 61 cm bis 66 cm

Gewicht
Rüden: 36,5 kg
Hündinnen: 32 kg

Fehler Jede Abweichung von den vorgenannten Punkten muss als Fehler angesehen werden, dessen Bewertung in genauem Verhältnis zum Grad der Abweichung stehen sollte.

Rüden müssen zwei offensichtlich normal entwickelte Hoden ausweisen, die sich vollständig im Hodensack befinden.

Im Archiv gestöbert

Die heutigen Ahnentafeln weisen bezüglich der Abstammung meist drei Generationen auf. Wenn man sich allerdings einmal die Mühe macht, weiterzuforschen – und dies ist heutzutage dank der Technik möglich –, kann man Erstaunliches herausfinden.

Dee Dakota of Dao Phu Quoc ...

... und sein Urgroßvater Masimba

Balou of Dao Phu Quoc ...

... und ihre Ur-Ur-Großmutter Mushana Fiona

Flair, geb. 1997 — Ix aus dem Skaaprevier, geb. 1978

1|2 Da ich seit mehr als 30 Jahren Material über die Rasse zusammengetragen habe, sind mir beim Durchstöbern meines Archivs schon sehr oft Hunde mit ähnlichem Phänotyp aufgefallen.

3|4 Es sollte Züchtern klar sein, dass sich immer wieder bestimmte Typen – gerade auch in der Linienzucht – durchsetzen.

5|6 Ganz besonders fällt mir dies bei Ix und Flair auf, die beide – mit einem Unterschied von ca. 20 Jahren – in meinem Besitz waren bzw. sind. Diese beiden Hündinnen sind sich nicht nur äußerlich sehr ähnlich, sondern haben auch ähnliche Charaktereigenschaften. Schön, wenn man so etwas Vertrautes nach so langer Zeit wiederfindet.

7|8 Je mehr man also über Eltern, Geschwister, Verwandte weiß, desto besser ist die Grundlage für die Verpaarung. Dann kann man das Risiko für Überraschungen minimieren.
9|10 Auch sollte man sich darüber im Klaren sein, dass sich nicht nur der Phänotyp immer wieder durchsetzt, sondern auch das Wesen.
11|12 Der Urahn vieler Ridgebacks: Mushana Starr Jameson und einer seiner Nachfahren Champion Makaranga Hurricane.

Flair...

.. und ihr Ur-Urgroßvater Dimple van Maire Hofstede

Ix aus dem Skaaprevier...

... und ihr Vater Joep, geb. 1975

CH. Makaranga Hurricane...

...und Urahn Mushana Starr Jameson

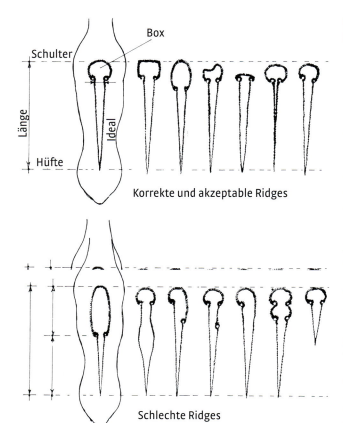

Korrekte und akzeptable Ridges

Schlechte Ridges

Der Ridge – sein Markenzeichen

Der Ridge ist das Wahrzeichen des Rhodesian Ridgebacks. Er wurde zum ersten Mal beim so genannten Hottentottenhund bereits im 15. Jahrhundert durch alte Felsbilder überliefert und im 17. und 18. Jahrhundert in portugiesischen Reiseberichten erwähnt. Dieses Markenzeichen ist voraussichtlich durch Mutation entstanden und hat sich immer wieder dominant vererbt. Eine Funktion konnte dem Ridge bis heute nicht nachgewiesen werden. Durch Kreuzungen des Hottentottenhundes mit europäischen Rassen entstand der Boerhound, der den Ridge über ganz Südafrika verbreitete. Zwei dieser Hunde begleiteten den bekannten Großwildjäger van Rooyen zur Jagd; aus diesen Hunden ging seine berühmte Meute hervor.

Dem Ridge verdankt der Rhodesian Ridgeback seinen Namen. Der Ridge ist ein Fellstreifen auf dem Rücken des Ridgebacks, dessen Haar in die Gegenrichtung wächst. Am vorderen Ende, zwischen den Schulterblättern, befindet sich die so genannte „Box", die unterschiedliche Formen aufweisen kann: herzförmig, rund, eckig, oval, unsymmetrisch usw. Diese „Box" muss zwei exakt abgegrenzte sich gegenüberliegende so genannte „Crowns" aufweisen. Idealerweise ist der Ridge im vorderen Bereich ca. 5 cm breit und verjüngt sich zum Ende, d. h. bis zu den Hüfthöckern, gleichmäßig. Die Boxlänge darf nicht mehr als ein Drittel der gesamten Ridgelänge betragen. Alle Abweichungen z. B. in punkto Länge, Crownanzahl bzw. Unsymmetrie usw. gelten als Fehler und sind zuchtausschließend.

Der Rhodesian Ridgeback ist nicht die einzige ridgetragende Hunderasse. Auch in Thailand und auf der Insel Phu Quoc gibt es ridgetragende Hunde; jedoch dürfen hier die Ridgeformen weitaus vielfältiger sein. Außerdem gibt es bei einigen Zulu- und Bantustämmen ridgetragende Hunde.

RIDGEBACKS OHNE RIDGE

Selbst in heutigen sehr guten Zuchtlinien kommt es immer wieder vor, dass einzelne Welpen ohne Ridge geboren werden. In der Gesamtpopulation von Ridgebacks machen ridgelose Welpen ca. 25 % aus, was exakt dem zweiten Mendel'schen Gesetz entspricht. Dieses bestätigt die früheren Einkreuzungen anderer ridgeloser Rassen, wie z. B. Airedale Terrier, Bloodhound usw. Andersherum können bei Kreuzungen des Ridgebacks mit anderen Rassen Nachkommen durchaus einen mehr oder weniger korrekten Ridge aufweisen. Ridgelosigkeit führt in jedem Fall zum Zuchtausschluss.

Vererbung von Ridge und Dermoid Sinus (nach J. Meil)

Der Rhodesian Ridgeback war die erste aus dem südlichen Afrika stammende, international anerkannte Hunderasse. Die Anfänge der Rasse gehen zurück bis ins 17. Jahrhundert. In dieser Zeit begannen europäische Siedler in der Kapregion mitgebrachte europäische Hunderassen mit Hunden der einheimischen Khoi-Khoi zu kreuzen. Einige dieser Khoi-Khoi-Hunde (auch „Hottentottenhunde" genannt) trugen als auffälliges Merkmal eine Haarformation auf dem Rücken, bei der die Haare in umgekehrter Richtung zum übrigen Fell wuchsen. Diese heute als „Ridge" bezeichnete Haarformation ist das charakteristischste Exterieurmerkmal der Rasse Rhodesian Ridgeback.

Drago und George präsentieren ihr Markenzeichen, den Ridge.

Es wird vermutet, dass der Ridge durch ein autosomal (= alle Chromosomen, die nicht Geschlechtschromosomen sind) dominantes Gen vererbt wird.

Der Dermoid Sinus (DS) ist ein Schlauch, der durch eine unvollständige Trennung der äußeren Haut vom Neuralrohr während der Embryonalentwicklung verursacht wird. Während der DS als sehr seltenes Ereignis auch bei anderen Hunderassen beschrieben wurde (Selcer, 1983 u. Cornegliani, 2001), ist dieser Defekt nach Literaturangaben beim Rhodesian Ridgeback mit 2 bis 5 % der häufigste angeborene Defekt und man kann somit von einer besonderen Rassedisposition für den Dermoid Sinus beim Rhodesian Ridgeback sprechen.

Sowohl ein Fehlen des Ridges sowie das Vorhandensein eines Dermoid Sinus führen in den unter dem Verband für das Deutsche Hundewesen organisierten Ridgeback-Zuchtvereinen zum Zuchtausschluss. Trotzdem gab es bis vor kurzem keine systematischen Untersuchungen zur Vererbung dieser beiden Merkmale oder zu der Frage, ob die beiden Merkmale in Hinblick auf ihre Vererbung unabhängig von einander sind. Die nach meinem Wissen erste systematische Zuchtbuchauswertung zu diesen Fragen stammt von der schwedischen Genetikerin Nicolette Salmon Hilbertz von der schwedischen Universität für Landwirtschaft in Uppsala und basiert auf schwedischen und norwegischen Zuchtbuchdaten (Hilbertz).

Wissenschaftliche Untersuchungen zur Vererbung

Die Arbeiten von Frau Hilbertz und anderen Autoren kommen zu dem Schluss, dass der Ridge über ein einzelnes dominantes Gen vererbt wird (Hilbertz).

Die Frage der Erblichkeit des DS ist bis heute nicht vollständig geklärt. An verschiedenen Stellen in der Literatur wird vermutet, dass ein autosomal rezessives Gen für die Vererbung des DS verantwortlich ist (Mann, 1966 u. Hartock, 1979). Andere Autoren nehmen die Vererbung über ein dominates Gen mit unvollständiger Penetranz als Ursache für den DS an (Hofmeyer, 1963). Hilbertz' Untersuchungen kommen zu dem Schluss, dass die gefundenen Zahlen die Vererbung über ein einzelnes rezessives Gen zwar nicht unterstützen, schließen diesen Erbgang aufgrund des limitierten Datenmaterials aber auch nicht aus (Hilbertz, 2005).

Verteilungsmuster

Im Folgenden soll anhand von Daten aus Zuchtbüchern der Deutschen Züchtergemeinschaft Rhodesian Ridgeback (DZRR) der Jahre 2000 bis 2003 überprüft werden, ob die Verteilungsmuster für das Vorkommen von Ridge und Ridgelosigkeit (als R+ und R- bezeichnet) und für gesund (kein DS) und DS (als DS- und DS+ bezeichnet) folgende Hypothesen unterstützen:

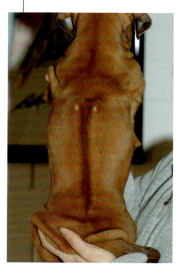

Bereits beim Welpen ist der Ridge schon gut sichtbar.

- Der Ridge beim Rhodesian Ridgeback wird durch ein autosomal dominantes Gen vererbt. Eltern mit Ridge, die ridgelose Welpen hervorbringen, müssen in Bezug auf dieses Gen heterozygot sein.
- Der Dermoid Sinus wird über ein autosomal rezessives Gen vererbt. Gesunde Eltern (DS-), die Welpen mit DS hervorbringen, müssen in Bezug auf dieses Gen ebenfalls beide heterozygot sein.
- Beide Merkmale werden unabhängig voneinander vererbt bzw. ausgeprägt.

Am Ridge kann man diese Rasse sehr gut erkennen. Es gibt aber auch Ridgebacks ohne Ridge, die jedoch nicht zur Zucht zugelassen werden.

Wenn die hier aufgestellten Hypothesen zutreffen, müsste bei einer ausreichend großen Stichprobe bei Würfen mit ridgelosen Welpen die Häufigkeitsverteilung ridgetragend (R+) : ridgelos (R-) nach dem zweiten Mendel'schen Gesetz 0,75 : 0,25 sein. In Bezug auf den Dermoid Sinus müsste sich ebenfalls das Verteilungsmuster DS- : DS+ von 0,75 : 0,25 zeigen.

Des Weiteren müssten sich bei ausreichend großer Stichprobenzahl ridgelose Tiere mit DS finden, wenn beide Merkmale unabhängig voneinander vererbt werden, beziehungsweise in der Population verteilt sind.

Datenmaterial

Grundlage für die nachfolgenden Betrachtungen bilden Daten der Zuchtbücher der DZRR des Zeitraums 2000 bis 2003. Für die Auswertung wurden nur solche Würfe herangezogen, in denen entweder ridgelose Welpen und/oder solche mit DS gefallen waren.

Ergebnisse

Im beobachteten Zeitraum wurden 201 Würfe mit insgesamt 1.778 Welpen registriert. Die durchschnittliche Wurfgröße lag bei 8,76 Welpen.

Übersicht über die Würfe in der DZRR der Jahre 2000 bis 2003:

Jahr	Würfe	Welpen	Würfe mit Welpen ohne Ridge	Würfe mit DS
2000	43	406	11	6
2001	44	399	13	11
2002	59	487	15	12
2003	55	486	14	13
Summe	201	1778	53	42

Im Weiteren werden nur die Würfe betrachtet, in denen entweder ridgelose Welpen und/oder solche mit Dermoid Sinus gefallen waren.

Ridgelosigkeit In 53 Würfen wurden Welpen ohne Ridge geboren. Von den insgesamt 487 Welpen aus diesen Würfen hatten 363 einen Ridge (R+), 124 waren ridgelos (R-). Dies entspricht gerundet auf die zweite Nachkommastelle exakt der erwarteten Verteilung von R+ zu R- von 0,75 : 0,25.

Die Quote der registrierten ridgelosen Welpen in der betrachteten Gesamtpopulation stieg von 4,43 % im Jahre 2000 auffällig auf 7,77 % im Jahre 2001 an und blieb dann in den Jahren 2002 und 2003 mit 8,21 und 7,20 annähernd konstant.

Analyse aller Würfe in der DZRR aus den Jahren 2000 bis 2003, in denen ridgelose Welpen gefallen waren. Beobachtete und erwartete Häufigkeitsverteilung von Welpen mit und ohne Ridge.

Jahr	Gesamt	Beobachtet		Erwartet	
		Ridge	Kein Ridge	Ridge	kein Ridge
2000	97	79	18	72,75	24,25
2001	112	81	31	84	28
2002	136	96	40	102	34
2003	142	107	35	106,5	35,5
Gesamt	487	**363**	**124**	365,25	121,75
Relativ	1,00	**0,75**	**0,25**	0,75	0,25

Dermoid Sinus Im beobachteten Zeitraum wurden in 42 Würfen Welpen mit Dermoid Sinus (DS+) diagnostiziert. Von den insgesamt 408 Welpen aus diesen Würfen waren 61 DS+, 347 Welpen zeigten diesen Defekt nicht (DS-). Das entspricht einer Häufigkeitsverteilung von 0,84 : 0,16 (DS- : DS+).

Ähnlich wie bei der Ridgelosigkeit stieg die Häufigkeit des DS von 2,2 % aller Welpen im Jahr 2000 zum Jahr 2001 auffällig auf 3,51 % blieb in den Folgejahren 2002 mit 3,49 % und 2003 mit 4,32 % auf ähnlichem Niveau.

Analyse aller Würfe in der DZRR aus den Jahren 2000 bis 2003, in denen Welpen mit DS gefallen waren. Beobachtete und erwartete Häufigkeitsverteilung von Welpen ohne und mit DS.

Jahr	Gesamt	Beobachtet		Erwartet	
		Normal (DS-)	DS+	Normal (DS-)	DS+
2000	60	51	9	45	15
2001	120	106	14	90	30
2002	106	89	17	79,5	26,5
2003	122	101	21	91,5	30,5
Gesamt	408	347	61	306	102
Relativ	1	0,86	0,14	0,75	0,25

Diskussion

Analysiert man die Würfe aus der DZRR der Jahre 2000 bis 2003, in denen ridgelose Welpen gefallen sind, auf die Verteilungshäufigkeit von ridgetragenden und ridgelosen Welpen, so findet man annähernd ein Verhältnis von 0,75 : 0,25 (R+ : R-). Dieses Verteilungsmuster unterstützt die Hypothese, dass der Ridge durch ein einzelnes dominantes Gen vererbt wird. Bei einem solchen Erbgang wäre zu erwarten, dass bei der Verpaarung zweier ridgeloser Hunde niemals Welpen mit Ridge fallen dürften. Eine Analyse der Zuchtbücher des schwedischen Zuchtvereins für Rhodesian Ridgebacks (SRRS) der Jahre 1981 bis 2002 ergab ebenfalls das erwartete Verhältnis R+ : R- von 0,75 : 0,25 (Hilbertz).

Die bei der Verteilung des DS gefundenen Häufigkeiten in den von DS betroffenen Würfen entsprach mit einem Verhältnis von 0,84 (DS-) : 0,16 (DS+) nicht dem bei einem autosomal rezessiven Erbgang zu erwartenden Verhältnis von 0,75 : 0,25. Hierbei kann nicht mit absoluter Sicherheit ausgeschlossen werden, dass eine unvollständige Erfassung der DS+ Welpen zu dem gefundenen Zahlenverhältnis geführt haben könnte. Allerdings wurde bei der Analyse

> **Wichtig**
>
> *Die Zahlen sowohl der deutschen Zuchtbücher (DZRR) und derer aus Schweden (SRRS) unterstützen die Hypothese, dass der Ridge durch ein autosomal dominantes Gen vererbt wird.*

> **Wichtig**
>
> *Sowohl die gefundenen Zahlenwerte aus den Zuchtbüchern der DZRR und der SRRS, wie auch der beschriebene Einzelfall sprechen deutlich gegen die Vererbung des DS durch ein einzelnes rezessives Gen, welches mit besonders hoher Frequenz in der Rhodesian-Ridgeback-Population vorhanden ist.*

der schwedischen Zuchtbücher der Jahre 1990 bis 2002 mit einem Verhältnis von 0,83 : 0,17 eine annähernd gleiche Verteilung gefunden.

Vergleicht man die Verteilung von Ridgelosigkeit und Dermoid Sinus in der betrachteten Gruppe, so fällt auf, dass kein einziger ridgeloser Welpe mit DS+ beschrieben wurde. Dies gilt sowohl für die Zuchtbücher der DZRR der Jahre 2000 bis 2003 wie auch der schwedischen (SRRS) der Jahre 1990 bis 2002. Bei den gefundenen Häufigkeiten der beiden Merkmale wären bei einer zufälligen und unabhängigen Verteilung in der betrachteten Stichprobe von 895 Welpen statistisch ca. acht ridgelose Tiere mit DS zu erwarten gewesen. Da der Dermoid Sinus auch bei anderen Hunderassen sowie anderen Tierarten und auch beim Menschen beschrieben ist, kann der Ridge nicht allein ursächlich für die Ausbildung dieses Defektes sein. Es scheint jedoch wahrscheinlich, dass der Ridge eine wichtige Rolle bei der besonderen Rassedisposition des Rhodesian Ridgebacks für den DS spielt. Zum gleichen Schluss kommen auch Hilbertz et al. aufgrund der Auswertungen der schwedischen Zuchtbücher.

Während aufgrund der vorliegenden und anderer Arbeiten die Vererbung des Ridges durch ein autosomal dominantes Gen als sehr wahrscheinlich angesehen werden kann, bleiben die erblichen Faktoren, die zur Entstehung des Dermoid Sinus beitragen, weiterhin unklar. Bei der besonderen Rassedisposition des Rhodesian Ridgebacks für diesen Defekt scheint allerdings der Ridge eine prädisponierende Rolle zu spielen. Weitere Untersuchungen auf Basis von Zuchtbuchdaten und DNA-Untersuchungen werden nötig sein, um die Frage der Vererbung des DS und einen möglichen Zusammenhang mit der Ausbildung des Ridges zu klären und eine effektive züchterische Selektion gegen den Dermoid Sinus zu ermöglichen.

In der Bewegung soll der Ridgeback einen guten Vortritt haben, ...

Start in die Ausstellungskarriere

Wenn Sie Ihren Ridgeback gern auf Ausstellungen zeigen möchten, informieren Sie sich anfangs am besten umfassend über den Standard der Rasse, damit Sie Ihren Hund nur von seiner besten Seite zeigen können. Geschickte und erfahrene Aussteller wissen um die Schwächen ihres Hundes und stellen ihn so vorteilhaft vor, dass man kleine Fehler nicht auf den ersten Blick sieht.

Seien Sie ein Team mit Ihrem Hund – nur gemeinsam sind Sie stark! Seien Sie nicht zu ehrgeizig, nicht jeder Hund hat das Potenzial zum Champion. Wichtig ist, dass Sie und Ihr Hund Spaß haben und es nicht in Stress ausartet, sammeln Sie Erfahrungen und tauschen Sie sich mit anderen Ausstellern aus, nehmen Sie an Ringtrainings teil.

Üben Sie von klein auf mit Ihrem Hund, so dass er sich überall anfassen lässt, zunächst von Ihnen, dann auch von fremden Personen. Er muss es z. B. dulden, sich vom Zuchtrichter in den Fang sehen zu lassen. Ein Ausstellungshund muss die Hand des Richters auf dem Rücken und an anderen Körperregionen ertragen und er muss sich die Rute abfühlen lassen. Bei Rüden ist eine zusätzliche Hodenkontrolle notwendig. Diese Übungen sollten Sie in aller Ruhe und ohne negative Erfahrung Ihrem Hund beibringen. Des Weiteren sollte Ihr Hund lernen, eine gewisse Zeit ruhig vor Ihnen zu stehen und in einem gleichmäßigen Trab neben Ihnen zu laufen, ohne in die Leine zu beißen oder zu ziehen. Die Ausstellungskarriere Ihres Ridgebacks starten Sie am besten bei einer Clubschau auf einem Freigelände. Dort geht es meist etwas „familiärer" zu als auf den großen Zuchtschauen.

…das heißt, beim Ausgreifen soll die Pfote in Höhe der Nasenspitze sein.

> **VORBEREITUNG AUF EINE AUSSTELLUNG**
>
> ▶ Ihr Hund sollte beizeiten an die Ausstellungsatmosphäre gewöhnt werden. Besuchen Sie mit ihm einfach nur so die eine oder andere Show.
>
> ▶ Üben Sie das Laufen zusammen mit Ihrem Hund. Trab, trab – immer schön neben Ihnen an der linken Seite. Der Richter möchte meist das so genannte Dreieck sehen, denn dann kann er den Hund von vorn, von hinten und der Seite beurteilen.
>
> ▶ Ihr Hund muss unbedingt daran gewöhnt sein, sich von Fremden anfassen zu lassen. Er muss nämlich vom Richter die so genannte „Körperkontrolle" dulden, die dem Richter auch gleichsam Aufschluss über das Wesen Ihres Ridgebacks gibt.
>
> ▶ Ihr Hund sollte längere Zeit in Ruhe vor dem Richter stehen können, so dass dieser seinen Richterbericht formulieren kann. Es ist immer besser, der Hund steht frei und wird nicht dauernd unter dem Bauch hochgezogen oder es werden ihm die Beine gesetzt. Sie sollten Ihrem Hund mit Hilfe Ihrer eigenen Gestik und Mimik beibringen, ruhig vor Ihnen zu stehen.
>
> Seien Sie in jedem Fall geduldig, versuchen Sie nicht, etwas mit Gewalt zu erzwingen. Erhalten Sie sich und Ihrem Hund die Freude und den Spaß am Ausstellen. Und – seien Sie fair zu den Konkurrenten.

Ausstellungsvorbereitungen

Meldeunterlagen erhalten Sie für Clubausstellungen vom jeweiligen Verein (meist auch im Internet verfügbar), für VDH-Zuchtschauen beim VDH direkt oder im „UR", der VDH-Zeitschrift „Unser Rassehund".

Mitführen folgender Unterlagen
▶ Heimtierausweis bzw. Impfpass
▶ Abstammungsnachweis Ihres Ridgebacks (für den Fall, dass Sie danach gefragt werden)
▶ Meldebestätigung/Eintrittskarte (bekommen Sie vom Veranstalter zugeschickt, nachdem Sie den Hund gemeldet haben)

Tipps für den Ausstellungstag
▶ Vorher ausreichend Gassi gehen, denn meist mögen Ridgebacks nicht auf den vorgeschriebenen Löseplätzen der Ausstellungsgelände ihre Geschäfte verrichten.

Start in die Ausstellungskarriere

- Rechtzeitig anreisen, denn jeder Aussteller hat selbst dafür zu sorgen, pünktlich im Ring zu erscheinen.
- Kleiden Sie sich zweckmäßig und tragen Sie bequemes Schuhwerk. Auf Clubschauen darf es gern etwas rustikaler zugehen. Auf Titel-Ausstellungen dürfen die Herren ruhig mit Jackett und Krawatte in den Ring gehen.
- Denken Sie an Regenkleidung oder Sonnenschutz bei Ausstellungen, die im Freien stattfinden.
- Nehmen Sie eine Sitzgelegenheit mit, am besten einen faltbaren Regiestuhl.
- Des Weiteren benötigen Sie eine Sicherheitsnadel, um die Startnummer zu befestigen.
- Für den Hund nehmen Sie am besten ein schmales Halsband, aus dem er aber möglichst nicht entschlüpfen kann, und eine ca. 1 bis 1,5 m lange Leine oder aber eine so genannte Vorführleine mit integriertem verstellbarem Halsband.
- Wassernapf (es gibt z. B. faltbare Plastiknäpfe für unterwegs), dicke Hundedecke und ggf. auch eine Decke zum Zudecken (Ausstellungshallen sind oft bodenkalt und zugig – und die meiste Zeit warten Sie mit Ihrem Ridgeback auf Ihren Auftritt). Es gibt seit einiger Zeit auch faltbare Stoffkennel, die sich für die Unterbringung sehr bewährt haben.
- Stecken Sie auch ein paar Leckerchen für Ihren Hund ein – eigentlich wird es im Ring nicht so gern gesehen, wenn Sie füttern, aber wenn die Leckerchen klein genug sind (z. B. kleine Käse- oder Wurstwürfel) und nicht auf dem Boden krümeln, dürfen Sie gern davon – in Maßen – Gebrauch machen.
  Wenn Sie im Ring sind, achten Sie bitte auf die Reihenfolge der Startnummern und halten Sie genügend Abstand zum Vorder- bzw. Hintermann.
- Bleiben Sie sportlich: Ihr Hund ist und bleibt der Beste und der Schönste!!!

1 Clubausstellungen im Freien haben meist eine sehr familiäre Atmosphäre.

2 Der Ridgeback wird dem Richter vorgeführt. Dabei sollte er korrekt stehen.

3 Er sollte sich auch vom Richter das Maul öffnen lassen, damit dieser das Gebiss kontrollieren kann.

Ablauf eines Ausstellungstages

- Pünktliche stressfreie Anreise
- Eingangskontrolle der Hunde, Impfpass – im Ausland ggf. auch Identitätsüberprüfung oder Prüfung, ob eine Hündin läufig ist.
- Abholung des Ausstellungskataloges, in dem steht, wo Sie sich wann einzufinden haben – z. B. Halle 5, Ring 13, Beginn des Richtens: 10:00 Uhr
- Abholung der Startnummer im Ring beim Sonderleiter. Der Sonderleiter ist auch Ansprechpartner für alle Probleme, die auftreten können, nicht der Richter!
- Startnummer sichtbar an Ihrer Kleidung befestigen.
- Achten Sie im Ring auf die Reihenfolge der Startnummern und sortieren Sie sich entsprechend ein.
- Halten Sie genügend Abstand zu den anderen Hunden.
- Führen Sie den Hund an Ihrer linken Seite.
- Folgen Sie den Anweisungen des Ringpersonals bzw. des Richters.
- Denken Sie daran, dass Sie das Ausstellungsgelände erst nach Beendigung der Veranstaltung verlassen dürfen.
- An einem Ausstellungstag ist jegliche Form von Aufregung und Stress eine zusätzliche Belastung, die sich vom Besitzer auf den Hund überträgt. Je besser und optimaler Sie auf diesen Tag vorbereitet sind, desto positiver macht es sich auf den Auftritt im Show-Ring bemerkbar. Gestehen Sie Ihrem Hund zu, dass er auch mal einen schlechten Tag haben darf – beim nächsten Ausstellungsbesuch geht es bestimmt wieder besser. Auch kann man eine Show gut dafür nutzen, um gute Bekannte zu treffen und Erfahrungen mit Gleichgesinnten auszutauschen.

Im „Steh" wird das Gebäude beurteilt. Danach läuft man mit seinem Hund ein Dreieck, damit die Gangart bewertet werden kann.

DAS GROSSE AUSSTELLUNGS-ABC

FCI
Féderation Cynologique Internationale (Internationaler Dachverband, Sitz in Belgien)

VDH
Verband für das Deutsche Hundewesen e. V. (Nationaler Dachverband Deutschland, Sitz in Dortmund)

C.A.C.
Anwartschaft auf einen nationalen Titel
Die Anforderungen an einen nationalen Titel sind, je nach Land, unterschiedlich.

C.A.C.(VDH)
Anwartschaft auf den Titel Deutscher Champion (VDH)
Die CAC-Anwartschaft wird nur an den besten Hund mit vorzüglicher Bewertung in der Offenen-, Zwischen-, Champion- und Gebrauchshundeklasse vergeben. Die Vergabe des CAC liegt ausschließlich im Ermessen des Richters.
Vergabebestimmungen für den Titel „Deutscher Champion VDH" (diese Anforderungen gelten für alle Hunde, die nach dem 01.09.04 die erste Anwartschaft (CAC/VDH) erworben haben). Es sind folgende Voraussetzungen zu erfüllen:
5 Anwartschaften (CAC/VDH), davon mindestens
3 Anwartschaften auf internationalen oder nationalen Zuchtschauen
2 Anwartschaften (max.) auf Spezialzuchtschauen.
Die Anwartschaften auf der VDH-Bundessieger-Zuchtschau und auf der VDH-Europasieger-Zuchtschau zählen doppelt. Zusätzlich werden dort errungene Reserve-Anwartschaften als einzelne normale Anwart- schaften gewertet.
Die Anwartschaften müssen unter mindestens 3 verschiedenen Zuchtrichtern erworben sein, der zeitliche Mindestzwischenraum beträgt 1 Jahr und 1 Tag.

Übergangsregelung für Hunde, die die erste CAC-Anwartschaft vor dem 01.09.04 erworben haben. Hier gelten noch die alten Vergabebestimmungen: Für den Titel „Deutscher Champion(VDH)" benötigt der Hund insgesamt 4 CAC/VDH-Anwartschaften (mindestens 2 davon auf internationalen Ausstellungen) unter mindestens 3 verschiedenen Zuchtrichtern.

Hat der Hund die Voraussetzungen für den Titel „ Deutscher Champion VDH" erfüllt, wird dieser auf Antrag und unter Einreichung der erforderlichen Unterlagen durch den VDH mit einer Urkunde bestätigt. Der Titel wird für jeden Hund nur einmal vergeben.

Deutscher Jugend-Champion VDH
Vergabebestimmungen für den Titel „Deutscher Jugend-Champion VDH"
Vergabe der Anwartschaften nur in der Jugendklasse auf nationalen und internationalen Zuchtschauen an den erstplatzierten Rüden/die erstplatzierte Hündin, sofern die höchstmögliche Formwertnote vergeben wurde.
3 Anwartschaften auf den Titel „Deutscher Jugend-Champion/VDH" unter mindestens 2 verschiedenen Zuchtrichtern. – Keine zeitliche Begrenzung.

Deutscher Veteranen-Champion VDH
Vergabebestimmungen für den Titel „Deutscher Veteranen-Champion VDH"
Erforderlich sind 3 Anwartschaften, erworben in der Veteranenklasse auf internationalen und nationalen Zuchtschauen unter mindestens 2 verschiedenen Zuchtrichtern. – Keine zeitliche Begrenzung.

Res. C.A.C.
Reserve-Anwartschaft auf einen nationalen Titel
Die Reserve-Anwartschaft für den Zweitplatzierten, die ein Hund erhalten hat, wird aufgewertet zur CAC-Anwartschaft, wenn der Hund, der die CAC-Anwartschaft erhalten hat, bereits den nationalen Titel erworben hat. Hat der Hund die Voraussetzungen für einen nationalen Titel erfüllt, wird dieser auf Antrag unter Einreichung der erforderlichen Unterlagen durch den VDH mit einer Urkunde bestätigt. Der Titel wird für jeden Hund nur einmal vergeben.

C.A.C.I.B
Anwartschaft auf den Titel 'internationaler Schönheitschampion (Champion International de Beauté)
C.A.C.I.B.-Anwartschaft wird nur auf internationalen Ausstellungen vergeben und nur an den besten Hund mit einer vorzüglichen (excellenten) Bewertung. Ob sie aber überhaupt vergeben wird, liegt allein in der Entscheidung des Richters.
Voraussetzungen für den Titel Internationaler Schönheits-Champion sind 4 C.A.C.I.B.-Anwartschaften von 3 unterschiedlichen Richtern in 3 dem FCI angeschlossenen Ländern. Zwischen der ersten und der letzten C.A.C.I.B.-Anwartschaft müssen mindestens 1 Jahr und 1 Tag liegen. Der Titel wird für jeden Hund nur einmal vergeben.

DAS GROSSE AUSSTELLUNGS-ABC

Res.- C.A.C.I.B.
Reserve-Anwartschaft auf den Titel „Internationaler Schönheits-Champion"
Der Hund, der diese Reserve-Anwartschaft erhalten hat, wird aufgewertet, als wenn er die direkte Anwartschaft erhalten hätte, sofern der Hund, der das CACIB erhalten hat, bereits den Titel „Internationaler Schönheits-Champion" erworben hat.
Sind die Voraussetzungen für den internationalen Titel erfüllt und der FCI bestätigt, erhält der Hund eine Urkunde über den Titel „Champion International de Beaute".

C.A.C.-Club
Deutscher Champion Club
Dieser Titel wird durch jeden der drei deutschen Ridgeback-Vereine (die Miglied im VDH sind) vergeben. Diese sind z. Zt. DZRR, Club E.L.S.A., RRCD. Der Titel Deutscher Champion Club wird für jeden Hund nur 1mal vergeben. Vorraussetzung für die Erlangung des Titels sind 4 CAC-Club Anwartschaften – z.B. auf Spezialzuchtschauen, Clubschauen u.a. – mit ausgeschriebner Vergabe des CAC Club nach den Vergaberichtlinien des jeweiligen Vereins.
Die CAC Club-Anwartschaft wird in der offenen-, Zwischen- und Champion-Klasse vergeben und zwar an den erstplatzierten Rüden/die erstplatzierte Hündin mit vorzüglicher Bewertung.
Die CAC Club Res. Anwartschaft erhält der zweit-platzierte Rüde/Hündin mit vorzüglicher Bewertung. Zwischen der ersten und der letzten CAC Club Anwartschaft müssen mindestens 12 Monate und 1 Tag liegen. Der Titel deutscher Club Champion berechtigt im In- und Ausland zum Start in der ChampionKlasse.
Die Vergabe der CAC Club-Anwartschaft ist nicht automatisch mit der entsprechenden Bewertung ver-bunden, sondern liegt im Ermessen des Zuchtrichters.

R.C.A.C. Club
Die CAC Club Reserve-Anwartschaft wird zur CAC Club-Anwartschaft aufgewertet, wenn der erstplatzierte Hund bereits den Championtitel des Clubs, der die Ausstellung ausgeschrieben hat, besitzt. Zwischen der ersten und der letzten CAC Club Anwartschaft müssen mindestens 12 Monate und 1 Tag liegen. Der Titel deutscher Club Champion berechtigt im In- und Ausland zum Start in der ChampionKlasse.

FCI-Gruppen
Die Hunderassen sind 10 Gruppen zugeordnet. Der Rhodesian Ridgeback gehört zur Gruppe 6 – der Gruppe der Lauf- und Schweißhunde.

Klasseneinteilung
Sämtliche Klassen sind zunächst einmal nach Rüden und Hündinnen unterteilt. Diese wiederum sind in verschiedenen Altersstufen aufgeteilt.
6 – 9 Monate – Jüngstenklasse
9 – 18 Monate – Jugendklasse
15 – 24 Monate – Zwischenklasse
(wahlweise zur offenen Klasse)
ab 15 Monate – Offene Klasse
ab 15 Monate – Championklasse (Int. Schönheits-Champion, Dt. Champion VDH, nationaler Champion-Titel aus einem dem FCI angeschlossenen Land, VDH-Bundessieger oder VDH-Europasieger in Verbindung mit einem CAC, erworben auf einer anderen Zuchtschau.
ab 8 Jahre – Veteranenklasse
(es gibt keine Formwertnote, nur eine Platzierung; zwischen Rüde und Hündin wird noch einmal der „Beste Veteran" ausgewählt. Nimmt auch am BOB teil)
– Ehrenklasse
(keine Formwertnote, nur Platzierung, kein CAC, kein CACIB, wenn 1. Platz, dann Teilname am BOB).
ab 15 Monate – Gebrauchshundeklasse
(Voraussetzung: Leistungs-/Ausbildungskennzeichen, VDH-bestätigt)

Bewertungen
In Deutschland und danderen Ländern (z.B. Frankreich, Holland, Italien, Schweiz usw.) erhält der ausgestellte Hund einen Richterbericht über die Bewertung.

Platzierung
Es werden generell nur die 4 besten Hunde einer Klasse platziert, sofern sie mindestens mit sehr gut bewertet worden sind.

Abkürzungen
V   Vorzüglich
SG   Sehr Gut
G   Gut
Gnd   Genügend
o.B (w) ohne Bewertung
Disq   Disqualifiziert
BOB   Best of Breed (Rassebester)
BOS   Best of Sex (bester Rüde/beste Hündin)
BOG   Best of Group (Gruppenbester)
BIS   Best in Show (bester Hund der Austellung)

In der **Jüngstenklasse** werden ohne Platzierung folgende Formwertnoten vergeben:
vv –   vielversprechend
vsp – versprechend
wv –   wenig versprechend

Der Entschluss zur eigenen Zucht

Mit Ridgebacks bereits als Kind konfrontiert, wünschte ich mir nichts weiter, als einen eigenen Hund dieser faszinierenden Rasse zu besitzen – ohne überhaupt einen Gedanken daran zu verschwenden, jemals züchten zu wollen. Nachdem meine erste Ridgeback-Hündin gestorben war, bekam ich von Herrn von Geibler die Hündin Ix aus dem Skaaprevier geschenkt. Sie war mit ihren 58 cm zu klein und hatte bereits den erlaubten Probewurf bei Herrn von Geibler hinter sich, als sie mich endgültig adoptierte. Ich wusste also von vornherein: Zucht – nein danke. Einige Zeit später wurde im Zwinger „Makaranga" die damals noch sehr junge Hündin Lulu trächtig. Sie bekam fünf Welpen – diese erhielten zunächst keinen Abstammungsnachweis, da Lulu noch nicht gekört war. Trotzdem nahm ich aus diesem Wurf „Dusty" zu mir – ohne einen Gedanken an Zucht.

Als Dusty ca. ein Jahr alt war, hatte ihre Mutter alle erforderlichen Qualifikationsnachweise und bestand auch die damalige Zuchtzulassungsprüfung. Nachträglich erhielt ich für meine Hündin die Ahnentafel. Da sich Dusty inzwischen zu einer schönen und wesenssicheren Hündin entwickelt hatte, besuchte ich auf Anraten ihrer Züchterin einige Ausstellungen – mit Erfolg. Nun bekam die Sache eine gewisse Eigendynamik. Röntgen, Körung mit Wesenstest usw. Das alles hatte ich jetzt schriftlich, aber wie sollte ich züchten, ich hatte ja kein Grundstück und war außerdem berufstätig.

Dann schlug das Schicksal zu. Ich wurde schwer krank. Das war im Jahr 1987. Nun wollte ich mir doch gern einen letzten Wunsch erfüllen und es einmal erleben, Welpen aufzuziehen. Ich bat meine Eltern darum, mir dazu ihr Grundstück zur Verfügung zu stellen, und sie willigten ein.

Makaranga Dusty und Balou of Dao Phu Quoc.

Es lief alles nach Plan: Dusty wurde trächtig, der Wurf kam und ich hatte alle Hände voll zu tun, mich um meine Hündin und die Welpen zu kümmern.

Zwischen Füttern, Spielen und Häufchenbeseitigen fand ich keine Zeit, über meine eigene Situation nachzudenken – ich wurde (deshalb?) gesund. Dies ist nun schon sehr lange her. Seit 1987 fielen dann 7 Würfe mit meinen Hündinnen Dusty, Balou und Missie. Jedes Mal hatte ich großes Glück und alles ging glatt.

Heute stehe ich dem Thema Zucht etwas kritischer gegenüber. Es gehört wirklich sehr viel Glück dazu, solch einen Wurf mit allem Drum und Dran optimal und verantwortungsvoll abzuwickeln. Ich habe in den vielen Jahren, in denen ich mich mit Ridgebacks beschäftige, sehr viel erlebt. Rüden haben nicht gedeckt, Hündinnen sind nicht trächtig geworden, „Züchter" haben sich über alle Reglements hinweggesetzt und „es" ist einfach passiert, Züchter haben fast den ganzen Wurf samt Hündin aufgrund von Infektionen verloren, Züchter mussten miterleben, wie die von ihnen in die Welt gesetzten Hunde eingeschläfert wurden, weil die Besitzer schlichtweg überfordert waren usw.

Die Passion des Züchtens

Wenn sich jemand einen Welpen mit dem Gedanken anschafft, damit züchten zu wollen, kann dies nicht der richtige Weg sein. Was ist der Hund noch wert, wenn er sich nicht entsprechend entwickelt? Züchter, die jemandem einen Zuchthund versprechen, halte ich für unseriös, denn niemand kann vorhersagen, ob sich aus dem Welpen wirklich ein erfolgreicher Zuchthund entwickelt. Außerdem sollte man sich selbst fragen, ob man wirklich die richtigen Voraussetzungen hat, um einen Wurf großzuziehen. Habe ich einen Hund, der wirklich für die Zucht geeignet ist, habe ich die Zeit, habe ich den Platz, habe ich nötigenfalls das Geld, um planmäßige und auch unplanmäßige Tierarztkosten abdecken zu können, habe ich wirklich die richtigen Interessenten, habe ich die Möglichkeit ggf. später einen Hund wieder zurückzunehmen, habe ich mir theoretisch und praktisch ein fundiertes Wissen erarbeitet, habe ich vielleicht sogar erfahrenen Züchtern einmal über die Schulter schauen können, kann und will ich mich auch später noch für die von mir gezüchteten Hunde verantwortlich fühlen…?

Fragen über Fragen – die man sich als Züchter stellen sollte, denn man wird schließlich nicht als solcher geboren. Bei mir persönlich gingen viele Jahre voraus, in denen ich mir das Wissen über die Haltung und Aufzucht von Hunden regelrecht erarbeitet habe. Ich denke, das größte Problem in der heutigen Zeit ist es, aufgrund der Vielzahl der Züchter und angebotenen Hunde, den richtigen Interessenten zu finden, der dem Ridgeback auch gerecht werden kann.

> **Wichtig**
>
> *Die Zucht bedarf wirklich eines großen Know-hows und einer gehörigen Portion Glück. Die Einstellung „es wird schon irgendwie gehen" ist hier fehl am Platze und auch der reine Idealismus reicht bei weitem nicht aus, was leider immer mehr Ridgebacks und Ridgeback-Mischlinge in Tierheimen und Notvermittlungsstellen bezeugen können. Manchmal ist weniger eben mehr.*

Ob aus uns wohl später Zuchthunde werden?

Beispiel für eine Zuchtzulassungsprüfung

Wenn aus dem Familienhund ein Zuchthund werden soll und er die Voraussetzungen dafür mitbringt, wird er auf einer Körung oder Zuchtzulassungsprüfung vorgestellt. Die drei rassebetreuenden Vereine im VDH (DZRR, ELSA und RRCD) haben dazu teilweise recht unterschiedliche Voraussetzungen, Wesenstests und Beurteilungskriterien, an Hand derer der Hund geprüft wird, geschaffen. Bei den Körungen der DZRR sind Gäste immer herzlich willkommen, so dass sich jeder ein Bild machen kann, was dort seinem Liebling abverlangt wird.

Bestens vertraut bin ich mit dem Procedere in der DZRR, da ich dort als Zuchtrichterin bereits diverse Körungen durchführen durfte. Zusammenfassend seien dazu einige Voraussetzungen und Abläufe dargestellt:

Die Körung muss von einem VDH-Zuchtrichter unter Einhaltung der VDH- und Vereinszuchtordnung vorgenommen werden. Allein der Richter entscheidet über die Zuchttauglichkeit eines Hundes, über Zuchtlenkungsmaßnahmen und ggf. Zuchtausschlüsse. Obgleich diverse tierärztliche Untersuchungen einer Körung vorausgehen, ist es nicht ausgeschlossen, dass der Richter am Körtag noch einen Mangel entdeckt.

Multi-CH. N'Gai Zamu of Ginba's Hero – Crufts-Winner 2006.

Die Zuchtzulassungsprüfung beim DZRR

- Der Hund muss an drei VDH-Zuchtschauen erfolgreich teilgenommen haben und dabei mindestens die Formwertnote „Sehr Gut" erhalten haben. Es wird dabei maximal ein Ergebnis aus der Jugendklasse anerkannt, ansonsten gelten Zwischenklasse, Offene Klasse und natürlich Champion-Klasse. Mindestens zwei verschiedene Richter müssen die Bewertung vorgenommen haben.
- Der Hund muss auf HD, OCD, ED röntgenologisch untersucht sein. Diese Untersuchungen müssen von einem anerkannten Gutachter, für die DZRR ist das Prof. Dr. Brunnberg an der Uniklinik in Berlin, ausgewertet werden. Zur Zucht zugelassen werden nur Hunde mit dem HD-Befund A oder B sowie OCD- und ED-Befund frei. Die Röntgenaufnahmen dürfen frühestens im Alter von zwölf Monaten angefertigt werden.
- Der Hund muss eine allgemeine tierärztliche Untersuchung vorweisen können. Dafür gibt es ein Formular, in dem z. B. Zahnfehler, Rutenanomalien usw. erfasst werden.

- Des Weiteren muss ein DNA-Profil mittels einer Blutuntersuchung erstellt werden.
- Eine so genannte Zwingerschutzkarte muss vorliegen.
- Sowohl der Hündinnen- als auch der Rüdenbesitzer muss an einer Jungzüchtererstschulung teilgenommen haben – diese wird mehrmals im Jahr von der DZRR angeboten.
- Für Erstzüchter ist eine so genannte Zwingerabnahme vorgeschrieben, d.h., ein zugelassener Zuchtwart kontrolliert vor Ort die Gegebenheiten und stellt fest, ob die Zuchtstätte und die Haltung aller im Haushalt lebenden Hunde den vorgegebenen Kriterien entspricht. Erst danach wird die so genannte FCI-Zwingerschutzkarte erstellt.

Wenn all diese Punkte erfüllt und von der zuständigen Hauptzuchtwartin geprüft sind und der Hund das richtige Alter hat (ab 18 Monate), darf er für die Körung angemeldet werden.

Abnahme der Zuchtzulassung

Die Zuchtzulassung darf nur von einem VDH-Zuchtrichter erteilt oder verweigert werden. Unmittelbar nach Abschluss der Zuchtzulassungsprüfung wird dem Hundeführer eine Kopie des so genannten Körberichtes ausgehändigt, aus dem genau hervorgeht, ob der Hund bestanden hat oder nicht, ob es Auflagen gibt usw. Falls ein Hund beim ersten Mal die Körung nicht besteht, kann er ein zweites Mal teilnehmen – dies gilt allerdings nur für den Fall, dass der Richter keine zuchtausschließenden Fehler beim Hund gefunden hat.

Mögliche Bestandteile einer Zuchtzulassungsprüfung

Der Schusstest

Der Schusstest soll aufzeigen, ob ein Hund geräuschempfindlich oder schreckhaft ist bzw. eine so genannte Schussscheue zeigt. Geschossen wird mit 9 mm Schreckschuss.

Während dieser Prüfung befinden sich Hund und Hundeführer auf einem sicher eingezäunten Gelände. Der Hund bewegt sich frei und darf das Gelände erkunden. In dieser Zeit wird zweimal geschossen.

Während der Schüsse und danach sollen die Hunde keine Angst oder gar Panik zeigen. Sie dürfen durchaus beeindruckt sein und auch eine Reaktion zeigen, müssen aber möglichst umgehend wieder zum Normalverhalten zurückfinden.

> **Tipp**
>
> Als Hundebesitzer sollten Sie sicherheitshalber am Tag der Körung sämtliche Unterlagen Ihres Hundes im Original mitführen, es sei denn, sie liegen dem Hauptzuchtwart bereits vor.

Der Schusstest ist Bestandteil der Zuchtzulassungsprüfung.

Die Wesensbeurteilung

Bildung einer Gasse Als erstes wird der Hund angeleint durch eine weite Gasse von Menschen geführt, beim zweiten Durchgang wird das Spalier enger gestaltet. Hierbei soll sich zeigen, ob der Hund seinem Hundeführer folgt, ohne sich von der Enge der Gasse beeindrucken zu lassen. Der Hund sollte zügig seinem Menschen folgen und mit ihm an lockerer Leine flott durch die Menschengasse gehen.

Kreisprobe Anschließend bildet eine große Menschenmenge einen Kreis, der Hundeführer steht mit seinem Hund in dessen Mitte. Der Hund sollte auch hier kein Hörzeichen erhalten. Dann gehen die im Kreis stehenden Personen gleichzeitig auf den Hund zu und gestalten den Kreis so eng, dass der Hund sogar bedrängt wird. Der Hund sollte ruhig bleiben, nicht aggressiv oder panisch mit Fluchttendenz reagieren.

Anhänglichkeitstest Um das Bild des hundlichen Verhaltens im Team mit seinem Menschen und die Bindung beider zueinander abzurunden, wird der so genannte Anhänglichkeitstest mit anschließendem Spiel durchgeführt. Dazu wird der Hund von einer Hilfsperson festgehalten und dabei möglichst abgewendet. Der Besitzer eilt mit einem Spielzeug in der Hand in einen großen Kreis Menschen

Zur Wesenbeurteilung gehört die Kreisprobe, bei der der Ridgeback durch im Kreis stehende Menschen leicht bedrängt wird.

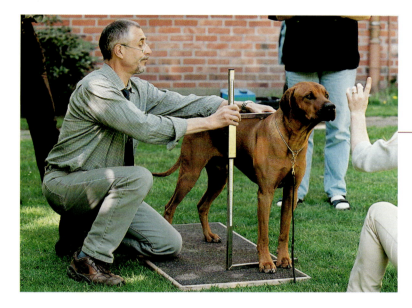

Zum Messen der Größe muss der Hund mit allen vier Pfoten auf dem Brett stehen.

und ruft von dort aus seinen Hund – allerdings nur namentlich und ohne weiteres Hörzeichen. Interessant sind hierbei die verschiedenen Reaktionen der Hunde. Der eine kommt pfeilschnell und geradewegs durch die Gruppe auf Herrchen oder Frauchen zu – der andere umrundet die Gruppe, nimmt Witterung auf und findet erst später zu seinem Besitzer. Hat der Hund seinen Besitzer gefunden, sollten die beiden unbeschwert miteinander spielen. In dieser Hinsicht gab es bei den Menschen schon das eine oder andere „Aha-Erlebnis", denn Äußerungen, wie „meiner spielt aber nicht" mussten oftmals der Erkenntnis weichen, dass Ridgebacks eben doch spielen!

Begutachtung des Exterieurs

Begonnen wird hier mit dem Messen – man fragt sich dabei oft, ob es für den Hund oder den Besitzer schlimmer ist. Fakt ist jedenfalls, dass sich die Aufregung vom Besitzer auf den Hund überträgt und es dann mit dem Messen Probleme geben kann. Es hat schon Fälle gegeben, dass ein Hund die ZZP allein deshalb nicht bestehen konnte, weil die Größe nicht ermittelbar war! Also: „Immer locker bleiben". Es wird dreimal gemessen, dazu muss der Hund mit allen vier Pfoten auf ein Brett steigen, das flach am Boden liegt. So bestehen für jeden Hund die gleichen Bedingungen. Aus den drei Messwerten wird der Mittelwert für die Bestimmung der Größe herangezogen. Für Größenabweichungen gibt es einen Toleranzbereich, der bei 3 % liegt. Nach dem Messen wird – genau wie auf einer Ausstellung – der Rest des Exterieurs bewertet – nur alles noch ein bisschen genauer und gründlicher.

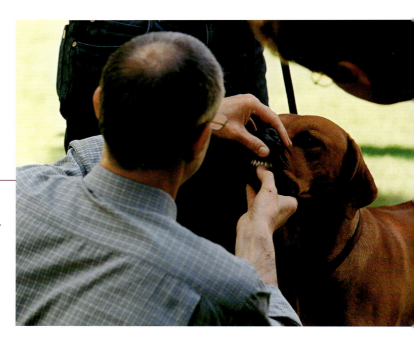

Das Gebiss wird auf Vollständigkeit und Zahnstellung überprüft.

Die Zähne werden auf Vollständigkeit und Korrektheit untersucht. Der Hund wird auf Dermoid Sinus durchgecheckt. Dazu muss er es dulden, dass man ihm die lose Haut vom Nacken bis zum Rutenansatz durchknetet, rollt und etwas hochzieht. Meist wird das von den Hunden als angenehme Massage empfunden und gern geduldet. Des weiteren wird die Rute abgefühlt, ob sich irgendwo Anomalien zeigen, bei Rüden erfolgt auch der Griff an die Hoden, ob sie vollständig und normal entwickelt sind. Der Ridge wird genauestens unter die Lupe genommen und die Korrektheit der Crowns wird überprüft. Dann wird der Hund im Stand begutachtet. Hierbei wird besonderer Wert auf die Winkelungen, Schulter- und Kruppenlage, Brusttiefe und Vorbrust gelegt. Alles wird genau protokolliert und festgehalten. Abschließend wird der Hund in der Bewegung beurteilt. Hierzu sollte er an lockerer Leine im Trab neben seinem Besitzer herlaufen. Da der Ridgeback ein Laufhund ist und das Gangwerk ein wichtiges Kriterium, sollte der Besitzer recht gut trainiert sein, um mithalten zu können. Zur Auflockerung sage ich dann meist: „Wir haben doch Lauf- und Schweißhunde – der Hund läuft und der Besitzer kommt ins Schwitzen".

Das abschließende Richterurteil „zuchttauglich", „zuchtuntauglich" oder „Zuchtlenkungsmaßnahme" setzt sich immer aus dem Gesamtbild zusammen, das Hund und Halter während der gesamten ZZP abgeliefert haben. Es ist in der Regel kaum anfechtbar und bindend für die züchterische Zukunft des Hundes.

Wichtig

Auch die Exterieurbegutachtung zeigt etwas über das Wesen des Hundes. Lässt er sich anfassen, kann er geduldig einige Augenblicke ruhig stehen. Bildet er mit seinem Führer ein Team?

Um sich ein Bild von solch einer Veranstaltung zu machen, empfehle ich jedem Interessierten, daran als Zuschauer teilzunehmen.

Übrigens findet die ZZP – ohne Rücksicht auf das Wetter – zu 90 % im Freien statt, was für manchen Ridgeback bei schlechtem Wetter oft ein größeres Problem darstellen kann als für seinen Besitzer.

Sinn und Unsinn der ZZP

Über den Sinn und Unsinn einer solchen Veranstaltung mögen sich die Gelehrten streiten. Wie bei so vielen Dingen im Leben gibt es auch hier mehrere Sichtweisen. Fakt ist, dass fast alle Anforderungen mit dem Hund geübt werden können, d. h. an diesem Punkt zeigt sich bereits, dass die ZZP für keinen Teilnehmer gleich ist. Der eine kommt völlig unbelastet und unvorbereitet, der andere hat alles geübt und einstudiert. Nun kann es aber passieren, dass der unvorbereitete Hund besser abschneidet, als der vorbereitete. Dann hört man oft die enttäuschten Kommentare der Besitzer: „Das macht er aber Zuhause immer" oder „Das hat er ja noch nie gemacht". Nun – ein Hund ist eben auch nur ein Mensch! Ich empfehle auch hier wieder „die goldene Mitte": Die geforderten Dinge locker üben und den Hund damit vertraut machen – nicht mehr und nicht weniger!

Es ist sinnvoll, die Gebisskontrolle und das Messen der Körpergröße schon mit dem Welpen zu üben. Dann lässt der erwachsene Hund alles geduldig und souverän über sich ergehen.

Objektiv sollte eine ZZP immer sein, diesen Anspruch kann sie aber auch kaum erfüllen, da Richter auch nur Menschen sind! Jeder hat – natürlich in Anlehnung an den Standard und die einschlägigen Satzungen und Ordnungen – auch ein wenig seine eigene Sichtweise über einen perfekten Ridgeback und so werden je nach Richter ganz unterschiedliche Faktoren mal höher und mal niedriger bewertet.

Zusammenfassend kann man also sagen: Wenn man mit seinem Hund ein wenig vorbereitet ist, der Hund eine gute Tagesform hat und der Richter souverän ist, kann man eigentlich dem Tag der ZZP getrost entgegenblicken.

Als Richter hat man eine sehr große Verantwortung gegenüber der Kreatur und muss manchmal eine Gratwanderung beschreiten, die ziemlich viel Fingerspitzengefühl verlangt. Immer den Standard vor dem geistigen Auge, muss der Richter in der Lage sein, abzuwägen, welche Mängel schwerer wiegen als andere. Der Hund sollte immer als Ganzes gesehen werden. Die Selektion auf einzelne Merkmale, wie zum Beispiel Größe oder Farbe kann unter Umständen fatale Folgen haben. Zu viele Einschränkungen und zu viel Bürokratismus gehen hierbei manchmal zu Lasten eines guten Hundes. Letzten Endes kann keine der an einer Zuchtzulassungsprüfung involvierten Person vorhersehen, wie sich der eine oder andere Hund vererbt – das weiß man immer erst hinterher. Ein wenig mehr züchterische Freiheit kann sicher nicht schaden – trägt sie doch zur Erweiterung des Genpotenzials uns zum gesunden Erhalt einer Rasse bei.

Durchführung der ZZP

Bezüglich der Durchführung eines Wesenstests scheiden sich ebenfalls die Geister. Es herrscht bis heute kaum Einigkeit darüber, was vom Hund gefordert werden soll und in welcher Form dieses dann auch noch zu bewerten ist. Die wenigsten Ridgeback-Halter und auch Funktionäre kennen den Ridgeback wirklich in seinem Ursprung und wissen unter Umständen sein Verhalten richtig zu deuten. Gerade bei dem Thema Scheu gibt es verschiedene Ansichten – gestattet doch der Standard eine „gewisse Scheu gegenüber Fremden". Wo jedoch endet die natürliche Scheu und wo beginnt Angst? Ich denke, in dieser Hinsicht besteht in jedem Fall Handlungsbedarf. Schön wäre es, wenn sich die drei deutschen die Rasse betreuenden Vereine dazu an einen Tisch setzen könnten. Meines Erachtens sollte dabei auf jeden Fall berücksichtigt werden, dass wir in Europa nicht Ridgebacks für die Großwildjagd und Farmhaltung züchten, sondern einen brauchbaren Begleiter, der nicht für sich selbst oder andere zum Gefahrenpotenzial wird.

Vier Freunde: Missie, Flair, Drago und George.

Auswahl des richtigen Zuchtpartners

Wenn der Idealfall eintritt, hat man vielleicht irgendwann eine Hündin, die alle Hürden genommen hat, um Nachwuchs haben zu dürfen. In der heutigen Zeit und bei der heutigen Ridgeback-Population ist es denkbar, dass sogar in der Nachbarschaft ein netter Rüde wohnt, den man als Vater für den Wurf ins Auge gefasst hat. Aber: passen die beiden auch wirklich zueinander? Dies kann man u.a. dadurch herausfinden, indem man sich intensiv mit dem Thema Genetik (= die Lehre von der Vererbung) beschäftigt und zudem Ahnenforschung betreibt.

Grundbegriffe der Genetik

- Die Zelle ist der Grundbaustein aller Lebewesen, im Zellkern befinden sich die Chromosomen als Träger der Erbinformation, weiterhin spricht man vom Genotyp (Erbanlage) und Phänotyp (äußeres Erscheinungsbild) eines Hundes.
- Bei der Befruchtung reifer Eizellen einer Hündin kann man davon ausgehen, dass ca. 50 % des Erbgutes vom Vater und ca. 50 % von der Mutter stammen (es ist also entgegen der landläufigen Meinung nicht so, dass der Rüde allein die Schuld trägt, wenn der Wurf nicht sehr vielversprechend ausgefallen ist). Das Erbgut der Eltern bestimmt den Genotyp des Welpen, d.h., es ist diejenige Erbanlage, die nicht unbedingt auch sein äußeres Erscheinungsbild definieren wird.
- Daneben gibt es den Phänotyp, z.B. wie groß ist der Hund, wie ist die Ohrhaltung, ist er vollzahnig, wie ist das Wesen…? Der Phänotyp wird durch den Genotyp und zusätzlich durch die Umwelt (Futter, Prägung, Haltungsbedingungen usw.) bestimmt.

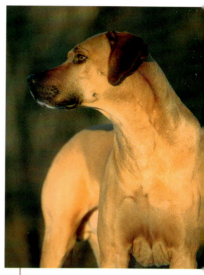

Eine etwas hellere Farbvariante des Ridgebacks.

Stimmen Geno- und Phänotyp überein?

Genotyp und Phänotyp müssen nicht übereinstimmen! Beispiel: Ein Hund hat ein vollzahniges Scherengebiss, ist aber der Einzige im Wurf, der ein komplettes Gebiss vorweisen kann. Nun kann es passieren, dass in der nächsten oder übernächsten Generation Welpen aus diesem Hund hervorgehen, die Zahnfehler haben. Das heißt, der Hund ist vom Phänotyp her vollzahnig, aber vom Genotyp her ist er belastet. Spätestens, wenn man sich diese Tatsache vor Augen geführt hat, wird man verstehen, dass eine Verpaarung zweier Champion-Hunde nicht automatisch zu Champion-Nachzucht führen muss. Ein viel diskutiertes Thema ist die Größe des Ridgebacks. Geht man z.B. von einem Hund aus, der eine mittlere Standardgröße aufweist, kann man trotzdem wenig über die Vererbung sagen, wenn man nicht auch die Größe der Wurfgeschwister ermittelt hat. Sind diese nämlich phänotypisch an der Obergrenze, kann dies auch der „normal" große Ridgeback vererben.

Eine ausdrucksstarke Livernose-Hündin.

Aufbau einer Zuchtbasis

Eine Zuchtbasis muss immer auf beiden Merkmalen (Geno- und Phänotyp) aufgebaut sein, weil die Erbanlage nicht immer erkennbar ist. Doch dazu ist es von großer Bedeutung, dass der Züchter ehrlich ist und vollständige Angaben über seine gezüchteten Hunde macht. Erbfehler sind immer von Nachteil und ein Verschweigen kann der Zucht von Rassehunden erhebliche Schäden zufügen. Aus diesem Grund müssen Defekte und Krankheiten in Zuchtbeständen wahrheitsgemäß erfasst werden, um in der Zukunft Maßnahmen ergreifen zu können, diese Fehler einzudämmen. Manchmal wird es sogar erforderlich sein, Merkmalsträger (= Genotyp) von der Zucht auszuschließen, obwohl sie phänotypisch einwandfrei sind. Das erfordert allerdings größtes Verständnis der Züchter.

Verschiedene Arten der Verpaarung

Inzest-Verpaarung = Verpaarung von Verwandten ersten Grades, z. B. Bruder/Schwester, Vater/Tochter. Hierbei hat man den größten Ahnenverlust. Grundsätzlich sollte dies (ebenso wie die Inzucht) nur in begründeten Ausnahmefällen stattfinden. Es doppeln sich nämlich nicht nur die positiven Eigenschaften, sondern auch die negativen. In diesem Fall muss man als Züchter ganz genau die Vor- und Nachteile abwägen. Außerdem ist bei der Inzest-Verpaarung oftmals ein Fitness-Verlust zu verzeichnen.

Inzucht = Verpaarung naher Verwandter, z. B. Enkel/Großeltern. Inzucht kann auch als enge Linienzucht bezeichnet werden.

Wenn man als Windhundzüchter auf Schnelligkeit züchtet, kann man durch Inzucht eben die Hunde miteinander verpaaren, die das Merkmal Schnelligkeit tragen. Dabei können allerdings andere Merkmale verloren gehen, z. B. Vollzahnigkeit. So gesehen ist es nicht immer positiv, auf ein bestimmtes Merkmal zu selektieren.

Linienzucht = Verpaarung weitläufiger Verwandter. Linienzucht kann man z. B. ins Auge fassen, wenn man auf bestimmte Linien zurückkommen möchte, um deren Typ oder bestimmte Eigenschaften zu erhalten. Bei der Linienzucht ist man eher vor Überraschungen sicher als bei der Outcross-Verpaarung.

Outcross-Verpaarung = Verpaarung nicht verwandter Hunde. Hierzu gehört eine gewisse Portion Risikobereitschaft. Der große Vorteil liegt in der Blutauffrischung und der Verringerung des Inzuchtkoeffizienten. Allerdings können Fehler auftreten, die vorher nicht bekannt waren.

Beim Ridgeback handelt es sich um eine relativ junge Rasse, die auf nur einige wenige Vorfahren zurückzuführen ist. Je enger das Genpotenzial der Hunde ist und je enger die Linien miteinander verpaart werden, desto größer ist die Wahrscheinlichkeit, dass Veränderungen (z. B. der Farbe) innerhalb der Rasse auftreten, für die es auf den ersten Blick keine Erklärung zu geben scheint.

DER AHNENVERLUSTKOEFFIZIENT (AVK)

Der AVK beschreibt den relativen Ahnenanteil eines Tieres. Liegt keine Inzucht vor, kommt jeder Ahne nur einmal vor. Je mehr Ahnen in der Ahnentafel eines Tieres mehrmals vorkommen, desto höher ist der Inzuchtgrad.

Beispiel: 62 Ahnen / Ahnentafel
Hund A, B, C und D

Abzug für	A dreimal vorhanden	−2
	B zweimal vorhanden	−1
	C viermal vorhanden	−3
	D zweimal vorhanden	−1
		−7

62 − 7 = 55
55 : 62 = 0,887 = 88,7 % AVK

Je kleiner der AVK, desto höher ist der Inzuchtgrad (kleiner als 80 % ist bedenklich!).

Wie findet man den richtigen Zuchtpartner?

Auf jeden Fall sollte man sich bei der Suche Zeit lassen, so viel wie möglich recherchieren und so viel wie möglich über Verwandte, Geschwister und bereits vorhandene Nachkommen in Erfahrung bringen. Dann sind die Vor- und Nachteile genau abzuwägen. Kein Hund ist perfekt, also muss man versuchen, die Schwächen des eigenen Hundes auszugleichen, indem man einen Partner sucht, der gerade dort seine Stärken hat – also keine Hunde miteinander verpaaren, welche die gleichen Fehler haben. Fehler im Wurf sollten nicht verschwiegen werden, damit den nachfolgenden Generationen die Gelegenheit gegeben wird, diese auszugleichen. Man sollte nicht unbedingt zwei unerfahrene Hunde zusammenbringen und sich ggf. per Spermiogramm von der Deckfähigkeit des Rüden überzeugen.

Vorsicht vor beliebten Deckrüden

Manchmal ist es so, dass ein Rüde einen erfolgreichen oder gar fehlerfreien Wurf hervorgebracht hat und dann auf diesen Rüden der große „Run" losgeht. Auch hier sollte man kritisch sein, denn dieser Rüde wird sich nicht mit allen Hündinnen gleich gut vererben. Außerdem schränkt die häufige Verwendung einzelner Rüden das Zuchtpotenzial auf Dauer stark ein. Ziel einer Zucht sollte immer

Familienglück

sein, gesunde und wesensfeste Hunde hervorzubringen und die Zuchtbasis zu erweitern, ggf. auch durch den Einsatz von Deckrüden aus dem Ausland.

Auch ein Champion-Titel garantiert nicht, dass bei der Nachzucht entsprechender Erfolg vorprogrammiert ist. Hierbei kommt auch wieder das Miteinander von Genotyp und Phänotyp zum Tragen. Unter Umständen ist sogar ein eher „mittelmäßiger" Rüde der bessere Vererber.

Die Zuchtstätte

Die so genannten Mindesthaltungs- und Aufzuchtbedingungen für Hunde sind in den Satzungen und Ordnungen des VDH und der angegliederten Vereine geregelt. Darin ist festgehalten, wie Zuchtstätten beschaffen sein müssen. Darüber hinaus gibt es natürlich immer noch Möglichkeiten, wie man es anders oder besser organisieren kann. Jeder Züchter macht in dieser Hinsicht wahrscheinlich seine eigenen Erfahrungen, die auch mit seinen örtlichen Gegebenheiten konform gehen müssen. Einige grundsätzliche Dinge möchte ich trotzdem nicht unerwähnt lassen, da ich danach doch des Öfteren gefragt werde.

Voraussetzungen für eine gute Zuchtstätte

Grundvoraussetzungen für eine sehr gute Zuchtstätte mit optimalen Aufzuchtbedingungen sind Sauberkeit, Tageslicht, ein geräumiger beheizbarer Auslauf mit genügend Spielzeug unterschiedlichster Art, Umweltreize, verschiedene Bodenbeschaffenheiten (Gras, Stein, Naturboden, Holz, Sand) und nicht zu vergessen jede Menge menschliche Zuwendung.

Die Wurfkiste

Die Wurfkiste sollte nicht zu groß und nicht zu klein sein. Wenn sie zu groß ist, verlieren sich unter Umständen die Welpen darin beim so genannten Kreiskriechen und die Thermoregulierung kann nicht mehr optimal funktionieren. Eine gute Größe ist ca. 1,20 m x 1,20 m, so dass die Hündin bequem ausgestreckt darin liegen kann. Eine Höhe von 0,50 m ist ausreichend. Das Material sollte pflegeleicht sein und keine Verletzungsgefahr bieten. Optimal wäre noch eine Öffnung, die man mit einem Schieber wieder verschließen kann. Diese kann bei Bedarf geöffnet oder geschlossen werden. Anzuraten ist, im unteren Bereich der Wurfkiste einen Distanzrahmen anzubringen, damit kein Welpe erdrückt werden kann. Allerdings habe ich Ridgeback-Hündinnen immer als sehr vorsichtige und besorgte Mütter erlebt, so dass die Welpen niemals der Gefahr ausgesetzt waren, erdrückt zu werden.

> **Wichtig**
>
> *Das Wichtigste bei der Zucht ist eine große Portion GLÜCK. In erster Linie muss nämlich die Natur mitspielen, wenn neues Leben entstehen soll. Wir als Mensch können nur dafür sorgen, dass die besten Voraussetzungen geschaffen werden.*

Die Hündin sollte ausgestreckt in der Wurfkiste liegen können.

Den Boden der Wurfkiste legt man am besten mit Zellstoffunterlagen aus, darüber ein Bettlaken und als Liegefläche die bewährten Vet-beds. Diese kuscheligen Unterlagen stammen ursprünglich aus der Humanmedizin und finden Anwendung für Patienten, die für längere Zeit ans Bett gefesselt sind. Vetbeds haben die Eigenschaft, dass Nässe nach unten entweichen kann, die Unterlage selbst aber trocken bleibt. Außerdem sind sie leicht in der Waschmaschine zu waschen, je nach Farbe sogar kochfest und schnell wieder trocken.

Angrenzender Welpenauslauf

Nach ca. zehn Tagen kann man innerhalb der Wurfkiste einen Bereich schaffen, der allein mit Zeitungen ausgelegt ist und als Toilette für die Welpen dient. Man wundert sich, wie schnell die Kleinen das akzeptieren und ihr Geschäft bald nur noch auf der Zeitung verrichten. Später, wenn die Welpen sich mehr bewegen und schon etwas auf ihren kurzen wackeligen Beinen stehen können, kann man ihnen außerhalb der Wurfkiste einen Platz anbieten, wo sie die Möglichkeit erhalten, sich zu lösen. Dies kann z. B. eine weitere flache Kiste mit staubfreien Sägespänen sein.

Welpenzimmer mit Zugang zum Garten

Irgendwann ab der 4. Woche kann man den Wurf nicht mehr in der Wurfkiste halten, die Welpen sind jetzt lebhaft, neugierig und sehr agil. Jetzt ist der Zeitpunkt für mehr Auslauf und Abwechslung gekommen. Auch hier sind der menschlichen Fantasie keine Grenzen gesetzt. Das kann ein Wintergarten mit Zugang zum Grundstück sein, in dem die Wurfkiste weiterhin als Schlafplatz dient, das kann aber auch ein Gartenhaus sein, in dem als Schlafplatz eine Hütte steht. Ungeeignet sind in jedem Fall Garagen oder dunkle Kellerräume. Die Welpen brauchen zum gesunden Wachstum Tageslicht und müssen die Gelegenheit haben, sich ausreichend bewegen zu können. Je mehr Platz und Abwechslung das Grundstück bietet, desto besser. Vorsicht ist geboten bei Giftpflanzen wie z. B. Eiben, diese sollte man vorsorglich einzäunen oder entfernen. Überhaupt müssen sämtliche potenziellen Gefahrenquellen ausgeschaltet werden. Für Steckdosen gibt es z. B. Kindersicherungen, Gartenteiche können abgedeckt oder eingezäunt werden usw. Optimal ist es, wenn man einzelne Welpen zeitweise mit ins Haus nimmt, damit sie sich an die typischen Geräusche wie Telefon, Fernseher, Staubsauger usw. gewöhnen können. In jedem Fall ist seriöse Zucht ein Fulltimejob. Ein verantwortungsvoller Züchter schläft sogar in den ersten Nächten in der Nähe der Wurfkiste, um bei Problemen schnell reagieren zu können. Er kennt seine Hündin, kann die Welpen auseinanderhalten und stellt jede noch so kleine Veränderung an ihnen fest, er sorgt für Sauberkeit und kann den Welpenkäufern wichtige Informationen mit auf den Weg geben.

> **Wichtig**
>
> *Die Lagerbindung lockert sich so um den 21. Tag herum. Meist animiert die Hündin ihre Welpen zum Verlassen des Lagers und lockt sie hinaus.*
>
> *Vorher sollten die Welpen auch nicht ins Freie gebracht werden, da durch ausgeprägtes Fluchtverhalten – insbesondere bei Gefahr (Raubvögel) von oben – Spätfolgen in Form von ängstlichem Verhalten auftreten können.*

Den Deckrüden sollte man sich persönlich anschauen, um auch sein Wesen beurteilen zu können. Schön ist, wenn sich Rüde und Hündin schon vorher kennen lernen dürfen.

Läufigkeit, Trächtigkeit und Geburt

Kontaktaufnahme mit dem Deckrüdenbesitzer

Wenn Ihre Hündin alle Hürden mit Bravour genommen hat und dem Abenteuer Zucht nichts mehr im Wege steht, beginnt die Suche nach einem geeigneten Rüden. Gut ist es, wenn man nach gründlichen Überlegungen und Abwägen aller Vorzüge und Nachteile wenigstens zwei oder drei Rüden in die engere Wahl genommen hat. Optimalerweise nimmt man dann Kontakt zum Deckrüdenbesitzer auf und stattet diesem zusammen mit seiner Hündin einen Besuch ab, wenn diese noch gar nicht läufig ist. Es ist immer etwas anderes, einen Hund „live" zu erleben und auch das potenzielle Zuchtpaar zusammen zu sehen. Vielleicht sind sich die beiden gar nicht sympathisch, was auch schon vorgekommen sein soll. Solch ein Treffen ist auch eine gute Gelegenheit, um die Formalitäten für den bevorstehenden Deckakt zu klären:

- Wie oft darf die Hündin zum Rüden kommen?
- Sind alle Papiere des Rüden vollständig und in Ordnung?
- Liegt ein Körbescheid vor, hat der Rüde evtl. Auflagen erhalten und darf gar nicht jede Hündin decken?
- Gibt es Informationen und Fotos aus der Verwandtschaft des Rüden?

Je mehr Sie bei diesem „Anstandsbesuch" in Erfahrung bringen können, desto besser.

Tipp

Falls der Rüde noch nicht gedeckt hat, sollten Sie die Besitzer fragen, ob Sie bereit wären, ein Spermiogramm anfertigen zu lassen, damit Sie über die Qualität und Quantität der Spermien eine Information erhalten.

Läufigkeit und Deckzeitpunkt

Wenn Ihre Hündin erste Anzeichen der Läufigkeit zeigt, melden Sie sich am besten umgehend beim Deckrüdenbesitzer und halten ihn weiterhin über den Verlauf der Hitze auf dem Laufenden.

Anschließend sollten Sie Ihre Hündin einer allgemeinen Untersuchung unterziehen und ggf. noch impfen und entwurmen lassen, da das nach einem erfolgreichen Deckakt nicht mehr anzuraten ist. Wenn der allgemeine Gesundheitscheck in Ordnung ist, rate ich unbedingt dazu, möglichst durch einen Spezialisten, z. B. in einer Uni-Klinik, oder einen erfahrenen Tierarzt den optimalen Zeitpunkt des Deckaktes bestimmen zu lassen.

Zyklus der Hündin

Wölfinnen werden einmal im Jahr läufig. In der Regel werden Hündinnen zweimal jährlich läufig, meist im Abstand von 6 bis 7 Monaten, was mit Sicherheit eine Folge der Domestizierung ist. Die ca. 90 Tage dauernde Ruhephase innerhalb dieser Zeit nennt man Anöstrus. Es gibt aber auch Ridgeback-Hündinnen, die nur einmal pro Jahr läufig werden. Die Läufigkeit kündigt sich mit vermehrtem tröpfchenweisem Urinieren (Markierungsverhalten), dem Anschwellen der Vulva und der eintretenden Blutung an. Diese Phase wird als Vorbrunst oder Proöstrus bezeichnet. Anfangs ist das Blut dunkelrot bis bräunlich und tritt vermehrt auf. Nach ca. zehn Tagen beginnt die eigentliche Brunst (Östrus). Während dieser Zeit nimmt die Blutung in der Regel ab, das Blut verfärbt sich und wird hellrot bis rosa. Dies ist die eigentliche Phase, in der die Hündin erfolgreich gedeckt werden kann. Ein weiteres Signal für die Deckbereitschaft der Hündin ist das seitliche Wegdrehen der Rute und das Hochziehen der Vulva, wenn man an dieser Stelle eine leichte Stimulation vornimmt. Allerdings geht die Deckbereitschaft nicht immer mit der Befruchtungsfähigkeit einher!

Die letzte Phase, die Rückbildung oder Metöstrus dauert dann ca. 60 Tage. Die hier genannten Zahlenwerte sind grobe Richtwerte. Meine Hündinnen sind sowohl am 5. Tag der Hitze erfolgreich gedeckt worden, als auch am 18. Tag. Der Zyklus an sich wird über Hormone der Hirnanhangdrüse (Hypophyse) gesteuert und ist durchaus äußeren Einflüssen ausgesetzt. Rudelstrukturen, Wettereinflüsse, Tageslänge und andere Faktoren vermögen seinen Verlauf zu beeinflussen. Aus diesen Gründen ist es wichtig, eine genaue Bestimmung des Eisprunges anhand einer Blutuntersuchung und eines Scheidenabstriches vornehmen zu lassen. Gleichzeitig wird bei dieser Konsultation auch untersucht, ob sich in der Scheide Keime befinden, die dort auf keinen Fall hingehören und evtl. eine Befruchtung oder Trächtigkeit verhindern können. Zu diesem Zeitpunkt kann man solch einen Keimbefall noch behandeln, ohne Schaden anzurichten.

Während der deckbereiten Tage schweift auch der Blick der Hündin auf der Suche nach einem Rüden in die Ferne.

Der Deckakt

Auch wenn der richtige Zeitpunkt für den Deckakt bestimmt wurde, sollten Sie für den Besuch beim Rüden genügend Zeit einplanen. Man kann nicht in jedem Fall davon ausgehen, dass das errechnete Datum genau auf ein Wochenende fällt.

In fast allen Fällen ist es so, dass die Hündin zum Rüden fährt. Das hängt damit zusammen, dass der Rüde in einem fremden Territorium unter Umständen nicht decken möchte.

Beim Rüden angekommen, sollte die Hündin bei einem kurzen Spaziergang noch einmal die Gelegenheit erhalten, sich zu lösen, anschließend kann man dann den Rüden hinzuholen. Diese erste Begegnung und auch der anschließende Deckakt sollten auf einem eingezäunten Grundstück stattfinden und möglichst frei von Störfaktoren sein. Ein erfahrener Rüde wird kurz an der Hündin schnuppern und wahrscheinlich umgehend seine ersten Deckversuche starten. Im Idealfall springt er bald von hinten auf die Hündin auf und es kommt nach ein paar Stoßbewegungen des Rüden in Richtung Vulva zum so genannten Hängen. Das Hängen wird ausgelöst durch die Anspannung der Scheidenmuskulatur bei der Hündin und das Anschwellen der Schwellkörper am Geschlechtsteil des Rüden. Nachdem die beiden Hunde auf diese Art miteinander verbunden sind, steigt der Rüde über den Rücken der Hündin ab und beide verharren Hinterteil an Hinterteil ca. 10 bis 40 Minuten.

Während dieser Phase wird das Ejakulat in die Hündin eingeschwemmt. Es kann durchaus erfolgreiche Deckakte ohne „Hängen" geben, denn das erste Ejakulat gelangt bereits mit den vorangegangenen Stoßbewegungen in die Hündin. Aber wie gesagt, so sieht der Idealfall aus, den sicher nicht jeder Züchter erleben darf. Nachfolgend seien einige Schwierigkeiten genannt, mit denen man als Züchter oder Deckrüdenbesitzer rechnen muss.

1 Die Hündin „steht" und nimmt die Rute bei Seite, sie ist deckbereit.

2 Der Rüde versucht aufzusteigen, die Hündin bleibt weiterhin ruhig stehen.

3 Es kommt zum Deckakt.

Mögliche Schwierigkeiten beim Decken

Der Rüde hat kein Interesse an der Hündin:

- Unter Umständen ist es noch zu früh oder bereits zu spät zum Decken, d.h. der falsche Zeitpunkt.
- Der Rüde ist kleiner als die Hündin und kommt dadurch nicht ans Ziel (hier kann man helfen, indem man die Hündin etwas tiefer stellt).
- Die Hündin ist krank. Selbst erlebt habe ich Folgendes: Eine Hündin kommt zum Decken zu meinem damaligen Zuchtrüden. Sie zeigt äußerlich alle Anzeichen von Läufigkeit, allerdings erscheinen mir die Blutungen ziemlich stark. Mein Rüde schnuppert und dreht fast angewidert den Kopf weg, einen Deckversuch gibt es nicht. Das geht so über zwei Tage. Wir suchen einen Spezialisten auf und wollen prüfen lassen, wann der richtige Deckzeitpunkt ist. Die Ärzte sagen: „Alles schon vorbei – der optimale Zeitpunkt wurde verpasst." Die Besitzer reisen samt Hündin ab, einige Wochen später erhalte ich die traurige Nachricht, dass die Hündin wegen eines Tumors in der Gebärmutter eingeschläfert worden ist. Der Rüde mit seiner feinen Nase und seinem guten Instinkt hatte uns Menschen einiges voraus, hat gerochen oder gespürt, dass mit der Hündin irgendetwas nicht in Ordnung ist und sich dementsprechend verhalten.

Erfolglose Deckakte können viele Ursachen haben.

- Der Rüde lebt mit einer dominanten Hündin zusammen, die es ihm „nicht erlaubt", andere Hündinnen zu decken. Sie steht natürlich nicht dabei und droht: „Das darfst du aber nicht…", sondern die Tatsache ist die, dass diese beiden im Alltag ein Rudel darstellen und innerhalb dieses Rudels der Rüde die männliche Alpha-Position innehat und die Hündin die weibliche. Würde es sich um ein Wolfsrudel handeln, wäre es nur diesen beiden Alphas erlaubt, sich zu verpaaren. Bei unseren besonders instinktsicheren Ridgebacks ist es unter Umständen ähnlich. Der dominantere Hund unterdrückt in diesem Fall den Fortpflanzungstrieb des anderen.

Die Hündin hat kein Interesse am Rüden und will sich nicht decken lassen:
- Auch in diesem Fall kann der Zeitpunkt falsch gewählt sein.
- Es ist das erste Mal für die Hündin und sie ist einfach noch etwas unsicher.
- Die Hündin hat Schmerzen und empfindet das Aufreiten des Rüden als unangenehm.
- Die Hündin lebt mit einer anderen Hündin zusammen, die älter und/oder dominanter ist. Um Stress im Rudel zu vermeiden – in Anlehnung an ein Wolfsrudel –, wird die jüngere Hündin, die nicht die Alpha-Stellung innehat, nicht tragend bzw. lässt sich erst gar nicht decken.

Nicht jedes Hundepaar passt zusammen. Verlassen Sie sich auf den Instinkt Ihrer Hunde.

Es ist nicht immer leicht, auf Anhieb zu erkennen, was das Problem ist, wenn es nicht zu einem Deckakt oder zu einer Trächtigkeit kommt. Mein Motto: Die Natur wird es schon richten und es kommt zusammen, was zusammengehört! Oftmals hat es sich im Nachhinein als besser herausgestellt, dass der Deckakt nicht stattgefunden hat, weil z. B. später bei anderen Verpaarungen massive Erbdefekte aufgetreten sind. Auch habe ich es erlebt, dass ein Rüde, der partout nicht decken wollte, gar nicht befruchtungsfähig war, wie sich hinterher durch ein Spermiogramm herausstellte – als wenn er es selbst gewusst hätte.

Man sollte so wenig wie nötig in das Geschehen eines Deckaktes eingreifen. Manche Rüden mögen es gar nicht, wenn man ihnen helfen will. Wenn es nicht gleich von Anfang an klappt, kann man als Mensch durch vorsichtiges, geschicktes Handling etwas nachhelfen – aber auch nicht mehr! Zwangsbelegungen stehen unter keinem guten Stern und sollten in keinem Fall praktiziert werden. Sinnvoll ist es, wenn beide Hunde in der Phase des Hängens Hinterteil an Hinterteil stehen, sie zu loben, sie etwas zu halten und zu stützen. Dies wird oft dankbar von den Hunden angenommen.

Gönnen Sie den Hunden nach dem anstrengenden Deckakt eine gute Mahlzeit und mehrere Stunden Ruhe, bevor Sie sie wieder zusammenlassen.

Trächtig, ja oder nein?

So ca. um den 28. Tag herum ist eine Ultraschalluntersuchung möglich, die das Ergebnis des Deckaktes ans Tageslicht bringt. Manchmal kann dabei sogar eine ungefähre Anzahl Welpen festgestellt werden. Ich persönlich habe mit meinen Hündinnen immer Gebrauch davon gemacht, um auf Nummer Sicher zu gehen. Eine Trächtigkeit zeigt sich nämlich unter Umständen erst relativ spät und kann leicht mit einer Scheinschwangerschaft verwechselt werden. Dank des sicheren Ultraschallergebnisses kann man dann schon gewisse Vorbereitungen treffen und sich um Interessenten für die erwarteten Welpen kümmern usw.

Ist die Hündin tragend, rundet sich mit der Zeit das Bäuchlein. Je nachdem, wie viele Welpen es sind und wie groß die Hündin ist, sieht man äußerlich manchmal erst ab der 6. Woche etwas. Die Früchte sind relativ lange sehr klein und wachsen erst in den letzten zwei Wochen auf ihre Geburtsgröße heran.

> **Wichtig**
>
> *Bei Trächtigkeit darf nicht mehr geimpft oder entwurmt werden!*

Ridgeback-Hündin Balou in der 6. Trächtigkeitswoche. Der Bauch hat sich schon sichtbar gerundet.

Dies hat den Vorteil, dass die Hündin für lange Zeit noch sehr beweglich und agil sein kann und wir sie auch ganz normal weiter bewegen und den gewohnten Tagesablauf beibehalten können. Eine instinktsichere Ridgeback-Hündin wird ihrem Besitzer umgehend signalisieren, wenn sie weniger Bewegung benötigt. In der Regel kann bis zur 6. Trächtigkeitswoche fast alles normal weitergeführt werden.

Geburtsvorbereitung

Ungefähr eine Woche vor dem Geburtstermin kann die Wurfkiste hergerichtet werden – manche Hündinnen ziehen es schon zu diesem Zeitpunkt vor, sich dort hineinzulegen. Bettlaken, Vetbeds, Zell-

ZWEI WOCHEN VOR DER GEBURT ...

- ▸ sollten mehrere kleine Spaziergänge über den Tag verteilt werden.
- ▸ sollte die Ernährung umgestellt werden, d. h., die Hündin muss nun mehrere Mahlzeiten und energiereicheres Futter erhalten.
- ▸ sollte die Hündin an Fiebermessen gewöhnt werden – zunächst einmal täglich (möglichst zur gleichen Uhrzeit), um die Normaltemperatur herauszufinden. Ab ca. einer Woche vor dem geplanten Wurftermin 2- bis 3-mal täglich messen.

stoff, Viledatücher, Einmalhandschuhe, Putzeimer und Sagrotan sollten parat stehen. Des weiteren ist eine Taschenlampe von Nutzen, falls man während der Geburt mit der Hündin im Dunkeln nach draußen muss. Auch das Halsband und die Leine sollten griffbereit liegen. Zum Notieren der Geburtsdaten benötigt man Kugelschreiber, Notizblock und den vorgefertigten Welpenbogen (siehe S. 139). Ein sauberer Wäschekorb mit einer Wärmflasche sollte neben der Wurfkiste stehen, damit man die Möglichkeit hat, einzelne Welpen dort hineinzulegen. Wichtige Telefonnummern (Tierarzt, erfahrener Züchter) sollten in der Nähe sein und einige homöopathische Medikamente wie z. B. Pulsatilla. Auch eine Babywaage gehört mit zur Ausstattung, damit man das Geburtsgewicht und die spätere regelmäßige Zunahme des Welpengewichtes feststellen und notieren kann.

Die Geburt kündigt sich an

Ca. 24 Std. vor der Geburt fällt die durchschnittliche Normaltemperatur der Hündin um ca. ein °C ab. Manche Hündinnen verweigern jetzt auch das Futter, um ihren Darm nicht mehr so stark zu belasten. Die Hündin muss auch des Öfteren hinaus, um sich zu entleeren, da der Druck auf Blase und Darm durch das Absenken der Früchte zunimmt. Fast alle Hündinnen fangen mit dem Nestbau an, d. h., sie scharren und kratzen in ihrem Lager oder der Wurfkiste herum. Diesen Trieb sollte man die Hündin auf jeden Fall ausleben lassen, damit kein Stress oder Frust entsteht. Wenn die Hündin zu hecheln beginnt, lässt die Geburt nicht mehr lange auf sich warten. Nach einiger Zeit wird die Fruchtblase platzen, Fruchtwasser entweicht aus der Scheide und die Wehentätigkeit wird stärker.

Eingeleitet wird die Geburt durch einige Eröffnungswehen, die den Geburtskanal weiten und den Welpen aus dem Gebärmutterhorn an die richtige Stelle bringen, damit er das Licht der Welt erblicken kann. Einige wenige Presswehen sind meist notwendig und der kleine Ridgeback kommt zur Welt. Eine vorübergehende leichte Wehenschwäche kann mit der Gabe von Pulsatilla unterstützt werden.

Tipp

Zwischen den einzelnen Geburtsintervallen darf die Hündin ruhig bewegt werden, kurze Spaziergänge im Garten an der Leine (!) und im Dunkeln mit Taschenlampe regen die Wehentätigkeit an und schützen vor Kreislaufschwäche.

Die Geburt kündigt sich an.

Der Welpe erblickt das Licht der Welt noch in der schützenden Fruchtblase.

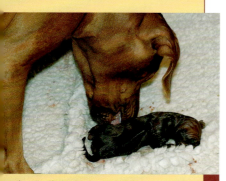
Die Hündin leckt das Neugeborene sogleich trocken ...

... und nabelt selbstständig den Welpen ab.

Versorgung der Hündin

Optimal für Mutter und Welpe ist eine Kopflage, aber auch Steißlagen sind bei Hunden durchaus üblich und machen in der Regel keine Probleme. Manche Welpen kommen in ihrer Fruchtblase zur Welt und andere wiederum sind schon „ausgepackt". Auch das ist kein Grund zur Besorgnis.

Sollte die Hündin nach dem Platzen der Fruchtblase erfolglose Presswehen haben, darf nicht länger als zwei Stunden gewartet werden. Hier muss der Tierarzt unbedingt hinzugezogen werden! Bei einer vorübergehenden Kreislaufschwäche kann man der Hündin Traubenzucker, Cognac oder Kaffee auf die Zunge träufeln.

In den meisten Fällen gibt es aber glücklicherweise keine Schwierigkeiten und die Hündin beginnt sogleich mit dem Abnabeln und dem Putzen der Welpen. Der Züchter sollte versuchen, die Nachgeburten zu zählen und diese dann die Hündin fressen lassen. Sie enthalten wichtige Hormone, die die Milchproduktion anregen.

Zwischendurch sollte man der Hündin immer wieder frisches Wasser reichen. Auch etwas leicht verdauliche Kost sollte ihr zur Verfügung stehen, falls sie Appetit hat. Man kann ihr des Öfteren (alle 2 bis 4 Stunden) kleine Portionen direkt in der Wurfkiste anbieten.

Geburtsende

Die Geburt ist beendet, wenn die Hündin ruhig und gelassen wirkt und wenn das Hecheln und Pressen aufgehört hat. Ich habe die Erfahrung gemacht, dass nach dem 7. Welpen oft eine größere Pause von mehreren Stunden sein kann, danach geht es dann mit der Geburt meist weiter. Das hängt mit der Lage der Welpen in den beiden Gebärmutterhörnern zusammen. Beobachten Sie Ihre Hündin nach der Geburt gut. Ist sie weiterhin gestresst, hechelt stark und Sie haben den Eindruck, dass etwas nicht stimmt, gehen Sie zu Ihrem Tierarzt. Nur eine Röntgenaufnahme bringt dann 100%ige Sicherheit, dass alle Welpen ausgetrieben sind.

Neben den Geschehnissen des Geburtsablaufs darf man als Züchter nicht vergessen, ausführlich Protokoll über jeden einzelnen Welpen in dem vorgefertigten Welpenbogen zu führen. Insbesondere der Ridge muss genau begutachtet werden, da er unmittelbar nach der Geburt in dem noch etwas feuchten Fell am besten zu erkennen ist. Ratsam ist es, den Welpen gleich zu fotografieren und ein zusätzliches Foto vom Ridge anzufertigen. In dem Welpenbogen sollte alles Wichtige erfasst und ggf. Skizzen angefertigt werden. Nach einiger Zeit können diese Angaben oft hilfreich und wertvoll sein, denn man kann sich später unmöglich an die Merkmale jedes einzelnen Welpen erinnern.

WELPENBOGEN

Welpe Nr. _____   Name: _____

Geschlecht: _____   Geburtszeit: _____

Trinkt wann?: _____   Rute: _____

Dermoid Sinus: _____   Nabelbruch: _____

Ridge: _____

Abzeichen/Merkmale: _____

Pfoten vorn rechts: _____   vorn links: _____
        hinten rechts: _____   hinten links: _____

Brust/Bauch: _____

Gewicht: 1. Tag _____   5. Tag _____
          2. Tag _____   6. Tag _____
          3. Tag _____   7. Tag _____
          4. Tag   8. Tag

Entwurmt am: _____   Geimpft am: _____

Zuchtausschließende Fehler: _____

In Frage kommende Interessenten: _____

_____   _____
_____   _____
_____   _____
_____   _____
_____   _____
_____   _____

Versorgung der Hündin und der Welpen in den ersten Tagen

Wenn die Geburt beendet ist, legt man am besten die Welpen in den bereitstehenden Wäschekorb, damit man die Wurfkiste säubern kann. In der Zwischenzeit kann die Mama Gassi geführt werden. Wahrscheinlich wird sie nur unter Druck ihre Welpen verlassen wollen und eilig zurücklaufen. Da muss man dann als Züchter schon etwas energisch nachhelfen.

Nahrungsaufnahme der Welpen

Der Genitalbereich und die Innenseite der Rute der Hündin werden nach der Geburt am besten mit etwas lauwarmem Wasser sauber gewischt. Für einige Tage wird die Hündin auch immer wieder Nachblutungen aus der Scheide haben.

Ganz wichtig ist die regelmäßige Gesäugekontrolle. Milch ist immer weiß, bei gelblicher oder gar grünlicher Färbung muss unbedingt der Tierarzt konsultiert werden.

Die Hündin hat jetzt für ca. fünf Tage eine enge Lagerbindung und wird nur ungern ihre Welpen verlassen wollen. Dies ist auch richtig so, da die Welpen in dieser Anfangsphase einen Trinkrhythmus von ca. zwei Stunden haben. Hat man einen großen Wurf, den man ggf. teilen muss, damit jeder an die Milchbar kommt, muss also alle zwei Stunden gewechselt werden! Außerdem ist die Hundemama pausenlos damit beschäftigt, die Bäuche der Welpen mit ihrer Zunge zu bearbeiten und zu massieren. Nur mit Hilfe dieser Stimulation sind die Kleinen in der Lage, sich zu entleeren. Die Hinterlassenschaften der Welpen werden von der Hündin dabei gleich mit weggeputzt, so dass die Wurfkiste relativ sauber bleibt. Sollte die Hündin aus irgendwelchen Gründen nicht in der Lage sein, die Welpen in dieser Art und Weise zu pflegen (z. B. nach einem Kaiserschnitt), muss der Züchter diese Aufgabe übernehmen, da es sonst leicht zu Verstopfungen mit üblen Folgen bei den Kleinen kommen kann.

Nach diesen ersten fünf wichtigen Tagen wird die Mama schon in gewissen Abständen aus der Wurfkiste kommen und sich außerhalb aufhalten. Nach ca. 14 Tagen stellt sich die Muttermilch um und wird gehaltvoller, die Welpen trinken jetzt in größeren Zeitabständen. Dadurch kann es zu Blähungen und Verdauungsproblemen kommen. In diesen Fällen schaffen eine leichte Bauchmassage und Fencheltee Abhilfe.

Tägliche Welpenkontrolle

Anfangs sollten die Welpen täglich gewogen werden. Wenn ein Welpe über einen längeren Zeitraum (zwei bis drei Tage) nicht zunimmt, kann dies schnell lebensbedrohlich werden. In diesem Fall muss unbedingt Ursachenforschung betrieben werden und der Tierarzt hinzugezogen werden.

GEWICHTSZUNAHME

Meist verlieren die Welpen in den ersten drei Tagen etwas an Gewicht, was aber normal ist. Doch sollten sie innerhalb der ersten Woche ihr Geburtsgewicht verdoppelt haben. Oft wird nach dem richtigen Gewicht für Welpen und Junghunde gefragt. Dafür gibt es einen sehr guten Richtwert, nämlich Anzahl der Wochen = kg, d.h. ein acht Wochen alter Welpe dürfte so um die 8 kg wiegen, ein 20 Wochen alter Welpe so ca. 20 kg usw.

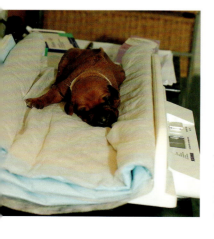

Den Welpen schneidet man regelmäßig mit einer feinen Nagelschere die Spitzen der Krallen, damit sie das Gesäuge der Mutter nicht verletzen. Ich habe täglich einen Check an den Welpen vorgenommen, da man ja sowieso während des Wiegens jeden Welpen mindestens einmal am Tag aus dem Wurf entfernt. Das heißt, man wiegt, kontrolliert und schneidet ggf. die Krallen, untersucht den Welpen nach Dermoid Sinus, fühlt die Rute ab und kontrolliert das Gebiss bzw. die Kieferstellung. Alle Abweichungen werden fein säuberlich notiert. So behält man einen guten Überblick über den Wurf, lernt jeden Welpen als eigenständige Persönlichkeit kennen und ist über dessen aktuellen Stand und die Entwicklung informiert.

Die Krallen der Welpen müssen regelmäßig geschnitten werden, damit sie das Gesäuge nicht verletzen.

ENTWURMUNG

Am elften Tag kann bereits das erste Mal entwurmt werden, wenn kein Durchfall oder Sonstiges vorliegt. Danach wird regelmäßig jede Woche bis zur Abgabe der Welpen entwurmt. Alle im Haushalt lebenden Hunde/Katzen müssen ebenfalls behandelt werden!
In der vierten Woche (je nach Wetter) werden die Welpen nach draußen umgesiedelt oder es wird ihnen zusätzlicher Raum zur Wurfkiste verschafft, damit sie ihrem wachsenden Bedürfnis nach Bewegung und Abwechslung gerecht werden können.
Sollte eine Untersuchung durch den Tierarzt notwendig sein, ist es besser, man lässt diesen ins Haus kommen, da in einer Tierarztpraxis natürlich Infektionsgefahr bestehen kann.

CHECKLISTE FÜR ZÜCHTER

Vor der Wurfplanung

- [ ] Kontaktaufnahme mit dem Deckrüdenbesitzer, um zu ermöglichen, dass sich die Hunde vorher kennen lernen können.

Beginn der Läufigkeit

- [ ] Information an den Deckrüdenbesitzer.
- [ ] Allgemeine Untersuchung der Hündin möglichst durch Spezialisten, z.B. in einer Uni-Klinik.
- [ ] Letzte Möglichkeit, die Hündin impfen zu lassen oder zu entwurmen.
- [ ] Feststellen des optimalen Deckzeitpunktes.
- [ ] Für den Deckakt genug Zeit einplanen.
- [ ] Nach ca. 25 Tagen ist eine Ultraschalluntersuchung möglich.
- [ ] Einmal täglich Fieber messen, um die Normaltemperatur herauszufinden. Eine Woche vor dem Wurftermin zwei- bis dreimal am Tag messen.

Wurfvorbereitung

- [ ] Wurfkiste, Bettlaken, Vetbeds, Zellstoff, Sagrotan, Viledatücher, Putzeimer, Taschenlampe, Leine, Halsband, Kugelschreiber, Notizblock, Wäschekorb, Wärmflasche, wichtige Telefonnummern.

Geburt kündigt sich an

- [ ] Absinken der Temperatur (ca. 24. Std. vor der Geburt Temperaturabfall um ca. 1 °C).
- [ ] Unruhe der Hündin, Nestbau (bitte gewähren lassen).
- [ ] Hündin will nicht mehr fressen.
- [ ] Hündin muss öfter raus, um sich zu entleeren.
- [ ] Hecheln

Geburt

- [ ] Fruchtblase platzt.
- [ ] Wehen setzen ein (bei Wehenschwäche mit Pulsatilla unterstützen).
- [ ] Bei erfolglosen Presswehen nicht länger als zwei Stunden warten, dann den Tierarzt hinzuziehen! Bei Kreislaufschwäche Traubenzucker, Cognac oder Kaffee auf die Zunge träufeln.
- [ ] Hündin abnabeln und die Nachgeburten fressen lassen (regt die Milchproduktion an).
- [ ] Zwischendurch immer wieder die Hündin bewegen, kurze Spaziergänge im Garten an der Leine (!) und im Dunkeln mit Taschenlampe!

- [ ] Frisches Wasser und leicht verdauliche Kost bereithalten, falls die Hündin fressen möchte. Oft (alle zwei bis vier Stunden) kleine Portionen in der Wurfkiste anbieten!

Geburtsende

- [ ] Meist ist die Geburt beendet, wenn die Hündin ruhig und gelassen wirkt.
- [ ] Nach dem siebten Welpen entsteht oft eine größere Pause.
- [ ] Über jeden einzelnen Welpen genau Protokoll führen, Ridge genau ansehen, er ist kurz nach der Geburt am besten zu erkennen (ggf. fotografieren).

Nach der Geburt

- [ ] Wurfkiste säubern, Hündin Gassi führen.
- [ ] Meist verlieren die Welpen in den ersten drei Tagen etwas an Gewicht, das ist normal!
- [ ] Genitalbereich und Rute der Hündin sauber halten.
- [ ] Regelmäßig Gesäuge kontrollieren (Milch ist immer weiß, bei gelblicher oder gar grünlicher Färbung Tierarzt konsultieren).
- [ ] Die Hündin hat jetzt für ca. fünf Tage eine enge Lagerbindung und wird nur ungern ihre Welpen verlassen, danach wird sie in gewissen Abständen aus der Wurfkiste kommen.
- [ ] Nach 14 Tagen stellt sich die Muttermilch um und wird gehaltvoller, die Welpen trinken jetzt in größeren Zeitabständen. Es kann zu Blähungen und Verdauungsproblemen kommen (Fencheltee hilft).
- [ ] Welpen regelmäßig wiegen und Krallen schneiden.
- [ ] Am elften Tag entwurmen (wenn kein Durchfall oder sonstiges), danach jede Woche. Alle im Haushalt lebenden Hunde/Katzen müssen ebenfalls entwurmt werden!
- [ ] In der vierten Woche (je nach Wetter) Welpen nach draußen umsiedeln oder ihnen zusätzlichen Bewegungsraum zur Wurfkiste verschaffen.
- [ ] Welpen regelmäßig auf Dermoid Sinus, Zahnstellung und Knickruten untersuchen.

Sollte eine Untersuchung durch den Tierarzt notwendig sein, diesen immer ins Haus kommen lassen, da in der Praxis Infektionsgefahr besteht.

Wie Hund und Katz! Bei früher Prägung kann sich auch eine innige Freundschaft entwickeln.

Die Entwicklungsstufen des Hundes

Vegetative Phase (1. und 2. Lebenswoche)

Während dieser Phase verbringen die Welpen den Tag damit, zu schlafen, an Mutters Milchbar zu saugen und das Verzehrte zu verdauen. Mit Hilfe von Mutters unermüdlicher Zunge, die in regelmäßigen Abständen das kleine Bäuchlein leckt, klappt dann auch die Ausscheidung des Verdauten. Die Augen und Ohren sind noch geschlossen. Zu diesem Zeitpunkt sind die Welpen in der Lage, auf Wärme und Kälte zu reagieren, was für die Ortung der Mutter und Geschwister als Wärmequelle wichtig ist. Das Finden der Wärmequelle ist nämlich gleichbedeutend mit dem Finden von Nahrung in Form von Muttermilch. Die Welpen sind jetzt in der Lage, mit dem Kopf Pendelbewegungen durchzuführen und im Kreis zu kriechen. Das Kreiskriechen ist wichtig, damit sie immer wieder in ihr „Nest" zurückfinden und sich nicht weit weg bewegen können und dadurch in Gefahr geraten. Weiterhin können sie Laute äußern, die auch ihre Stimmungslage wiedergeben. Außerdem stellen Lautäußerungen einen Schlüsselreiz für die Mutter dar. Durch jämmerliches Schreien veranlasst ein Welpe seine Mutter ihn zurückzubringen, wenn er sich zu weit entfertn hat.

Übergangsphase (3. Lebenswoche)

In dieser Zeit öffnen sich zunächst die Augen und die kleinen Welpen blinzeln uns das erste Mal an. Wer das je miterlebt hat, weiß, was für ein unvergesslicher „Augenblick" dies ist. Etwas später öffnen sich auch die äußeren Gehörgänge. Die Sehkraft und das Gehör entwickeln sich täglich weiter, so dass der Welpe nun auch anfängt, seine Umwelt zu erkunden und darauf vorbereitet ist, in die wichtige Prägungsphase einzutauchen.

Prägungsphase (4. bis 7. Lebenswoche)

Unter Prägung versteht man eine besondere Art des Lernens innerhalb eines befristeten Zeitraums. Der Begriff der Prägung wurde von dem bekannten Verhaltensforscher Konrad Lorenz geschaffen, der auch vielfältige Versuchsreihen zu diesem Thema durchgeführt hat. Konrad Lorenz hat z. B. herausgefunden, dass Entenküken das als ihre Mutter ansehen, was sie unmittelbar nach der Geburt zu sehen bekommen. War es ein Mensch, so folgen sie später diesem und nicht ihrer leiblichen Mutter. War es irgendein Gegenstand, so wurde dieser als „Mutter" angesehen.

Die während der Prägung erlangten Lernergebnisse werden so stark manifestiert, dass sie irreversibel und kaum therapierbar sind. Sie können sich also vorstellen, wie wichtig gerade diese Phase für einen Hund ist. Ausschließlich während dieser Periode können Hunde auf den Menschen geprägt werden. Entfällt in dieser Zeit jeglicher Kontakt zum Menschen, sind Hunde nicht in der Lage, diesen später als Sozialpartner anzuerkennen und werden ein Leben lang Angst vor ihm haben. Zu Beginn der Prägungsphase – so um den 21. Lebenstag – beginnen die Welpen damit, ihr Lager zu verlassen. Oft werden sie dabei von ihrer Mutter animiert.

Erfahrungen mit der belebten und unbelebten Umwelt

Wie bereits erwähnt, ist diese Phase äußerst wichtig, da das hier Gelernte und die hier gemachten Erfahrungen ein Leben lang halten. Jetzt sollte der Welpe natürlich möglichst keine schlechten Erfahrungen machen. Er sollte täglich intensiven Kontakt zu Menschen beiderlei Geschlechts und zu Kindern verschiedenen Alters haben. Er sollte die verschiedenen alltäglichen Hausgeräusche wie Telefon, Fernseher, Staubsauger, Türklingel, Topfgeklapper usw. kennen lernen. Man kann jetzt mit dem Welpen Auto fahren, ihm verschiedene Futtersorten (Fleisch, Geflügel, Fisch, Gemüse, Obst, Nudeln, Reis usw.) anbieten. Alles, was der kleine Ridgeback in dieser Zeit erlebt und verinnerlicht, wird im Gehirn abgespeichert und kann später bei Bedarf als „bekannt" abgerufen werden.

Sozialisierungsphase (8. bis 12. Lebenswoche)

Die Sozialisierungsphase ist die Phase mit den größten Veränderungen im Leben des Welpen. Es erfolgt die Abnabelung vom Rudel. Abgabetermin beim Züchter für Welpen ist in der Regel nach der Wurfabnahme in der achten Woche! In einem Rudel würde jetzt der Vater – sofern vorhanden – die Erziehung und Sozialisierung übernehmen. Dies ist nun die Aufgabe des neuen Menschenrudels. Die Welpen sind besonders empfänglich dafür, ein soziales Miteinander von Mensch und Hund zu lernen sowie eine allgemeine Anpassung an die Umwelt. Das bedeutet, dass der Hund in dieser Zeit spielerisch viele positive Erfahrungen machen muss.

Dieser Ridgeback hat bestimmt keine schlechten Erfahrungen mit dem Element Wasser gemacht.

Hunde müssen nicht „handgreiflich" werden. Sie können schon über Blicke deutlich machen: „Bis hierher und nicht weiter".

Die Grundlagen dafür hat er bereits in der Prägungsphase mitbekommen. Ähnlich wie in der Prägungsphase haben die zwischen der 8. und 12. Woche gemachten Erfahrungen eine nachhaltige Wirkung auf die spätere Entwicklung des Hundes. Negative Erlebnisse prägen sich sehr stark ein und sind später nur mit viel Geduld und in Form von Desensibilisierung wieder ins Lot zu bringen. Lernergebnisse, die jetzt ausbleiben, können später nur mühevoll nachgeholt werden. Dies alles ist entscheidend für die weitere Entwicklung des Hundes. Die Zeit der Sozialisierungsphase ist auch die Zeit der Welpenspielgruppen. Hier kann der Welpe im Spiel mit Artgenossen das Hundeeinmaleins lernen. Gute Welpenspielstunden erkennt man daran, dass eine kompetente Person die Gruppe mit viel Fachkenntnis und Einfühlungsvermögen betreut. Die Hunde in einer Gruppe sollten sich möglichst vom Alter und von der Größe her gleichen. Man stelle sich vor, eine zehn Wochen alte Dogge „spielt" mit einem zehn Wochen alten Dackel! Die hierbei gemachten Erfahrungen für den kleineren Hund können kaum positiv sein, da der Größenunterschied zu gravierend ist.

Rangordnungsphase (13. bis 16. Lebenswoche)

Hunde sind in ihrem Ursprung soziale Tiere, die in einem Rudel leben. Für diese Art von Zusammenleben – egal ob Hunde- oder Menschenrudel – muss es zwangsläufig Regeln geben, damit es nicht zu Missverständnissen kommt. „Unter sozialer Lebensweise versteht man Verhaltensweisen, die im Interesse bestmöglicher Ausnutzung vorhandener Lebensgrundlagen auf Gemeinschaftlichkeit ausgerichtet sind." (H. Weidt, 1996). Dies bedeutet, dass ein Zusammenleben nur funktionieren kann, wenn bestimmte Regeln eingehalten werden. Ab der 13. Woche finden nun innerhalb der Gruppe gleichaltriger Welpen spielerische Auseinandersetzungen statt. Es werden – unabhängig vom Geschlecht – die Stärken und Schwächen ausgetestet und interne Kommunikation geübt. Dies dient dazu, her-

WELPENSCHUTZ

Es gibt keinen Welpenschutz – außer im eigenen Rudel! Man muss also in jedem Fall vorsichtig sein, wenn man auf Spaziergängen fremde Hunde trifft, und kann nicht davon ausgehen, dass jeder freundlich auf den Welpen reagiert. Ein Wolfsrudel akzeptiert keine fremden Welpen, da diese fremdes Genpotenzial in sich tragen! Erwachsene männliche Löwen, die ein neues Rudel übernehmen, töten z. B. zunächst die vorhandenen Jungtiere, um anschließend ihre eigenen Gene weitergeben zu können. Also, kein Hund, der einen Welpen reglementiert oder gar beißt, ist grundsätzlich verhaltensgestört!

auszufinden, wer im Rudel später einmal geeignet sein wird, die Führungsrolle zu übernehmen. Auch in seinem Menschenrudel wird nun der Welpe versuchen herauszufinden, wo sein Platz ist. Ist man jetzt als Mensch nicht souverän und konsequent, verliert der kleine Hund schon bald den Respekt und wird versuchen, sich immer wieder durchzusetzen. Man sollte deswegen auch als Mensch Spielregeln einführen, an die sich der Welpe zu halten hat. Zum Beispiel wann und wie lange gespielt wird, bestimmt der Mensch. Oder dem Welpen wird durch Schnauzengriff signalisiert, wenn er seine spitzen Zähne zu stark eingesetzt hat.

Rudelordnungsphase
(zwischen dem 5. und 6. Monat)

Alles, was der Welpe bis zu diesem Zeitpunkt spielerisch gelernt hat, wird nun in der Rudelordnungsphase gefestigt. Wenn der Mensch es richtig verstanden hat, seinem Hund den entsprechenden Platz im Rudel zuzuweisen, kann er jetzt damit beginnen, das bisher Gelernte auf vertrauensvoller und konsequenter Basis weiter auszubauen. Spätestens jetzt wird sich zeigen, in welcher Hinsicht der Mensch in der Vergangenheit Fehler begangen hat. Es ist aber noch Zeit, unerwünschtes Verhalten abzubauen und erwünschtes zu fördern, denn bald kommt der Junghund in die Pubertät und es wird immer schwieriger, aus ihm ein sozialverträgliches und angenehmes Rudelmitglied zu machen.

Pubertät

Ca. ab dem 7. Monat kann man damit rechnen, dass Hündinnen läufig werden und Rüden ihre Geschlechtsreife unter anderem dadurch demonstrieren, dass sie nun anfangen, während des Urinierens das Bein zu heben und zu markieren. Während dieser Phase glaubt man, der Hund hat alles bisher Gelernte wieder vergessen. Keine Angst: Es kommt wieder. Keine leichte Zeit für Mensch und Hund und leider auch die Zeit, in der die meisten Abgaben erfolgen, weil sich der Hundehalter – insbesondere der Rüdenbesitzer – überfordert fühlt. Ich habe die Erfahrung gemacht, den Hund in dieser Phase nicht mit neuen Dingen zu belasten, sondern ihm in dem ihm bekannten „Gerüst" die notwendige Sicherheit zu geben.

1 Markierungsverhalten hat auch etwas mit Rangordnung zu tun.

2 Der Rangniedere in der Mitte signalisiert seine Stellung durch eine geduckte Körperhaltung.

3 Spiel kann manchmal etwas ruppig aussehen. Deshalb sollte man genau hinsehen.

Ein humorvoller Blick auf die Ridgeback-Welt

Man gibt sich cool; das liegt im Trend. „Back to the Roots" lautet das Motto. Man ist stolz auf das Image seines „Löwenhundes". „In" ist, was aus dem Ursprungsland kommt. Je exotischer, desto besser!

Aufgefallen sind sie dann auch, die „Löwenjäger" – nämlich als in Deutschland das Thema „Kampfhunde" aufkam. In den Medien war der Ridgeback oft mit von der Partie. Was nun? Auswandern? Man war ja immer noch auf dem Trip „Back to the Roots". Aber wohin? Nach Kanada, Australien oder gleich nach Südafrika? Kann der Ridgeback in Deutschland noch eine Chance bekommen?

Ja! Wie? Indem man einfach das Image wechselt. Vom „Löwenjäger" zum „Jäger". Jetzt wird der „arme Hund" von der Couch gezerrt, muss Wind und Wetter trotzen, wird in Suchgeschirre und Leuchthalsbänder gekleidet, um seinem neuen Image als „Jagdhelfer" gerecht zu werden.

Zur Tat geschritten sind daraufhin auch einige Funktionäre, denen nämlich gerade dieser Imagewechsel nicht geheuer vorkam. Na gut, dann ist der Ridgeback eben doch kein Jagdhund. Gut, dass er so vielseitig einsetzbar ist. Dann machen wir eben Sport mit dem Hund und laufen damit den Border-Collies den Rang ab. Fragt sich nur, ob die zukünftigen Ridgeback-Besitzer jetzt anstelle des Jagdscheines das Goldene Sportabzeichen vorweisen müssen?

Also, wenn Sie mich fragen: Ich plädiere für einen wohlerzogenen, unauffälligen Begleithund, der sich in der Öffentlichkeit prima benehmen kann, ohne unangenehm aufzufallen.

Service

Zum Weiterlesen

Verhalten und Wesen
Abrantes, Roger: **Hundeverhalten von A-Z**. Kosmos 2005.
Bloch, Günther: **Der Wolf im Hundepelz**. Kosmos 2004.
Zimen, Eric: **Der Hund**. Goldmann 1998.
Zimen, Erik: **Der Wolf**. Kosmos 2003.

Erziehung und Beschäftigung
Blenski, Christiane: **Hunde erziehen, ganz entspannt**. Kosmos 2005.
Durst-Benning, Petra und Carola Kusch: **Spiele-Spaß für Hunde**. Kosmos 2006.
Führmann, Petra und Nicole Hoefs: **Erziehungsspiele für Hunde**. Kosmos 2002.
Führmann, Petra und Iris Franzke: **Erziehungsprobleme beim Hund**. Kosmos 2004.
Führmann, Petra und Iris Franzke: **Zwei Hunde – doppelte Freude**. Kosmos 2005.
Hallgren, Anders: Hundeprobleme – **Problemhunde**. Oertel + Spörer 2001.
Hoefs, Nicole und Petra Führmann: **Das Kosmos-Erziehungsprogramm für Hunde**. Kosmos 2006.
Rauth-Widmann, Brigitte: **Hundespiele**. Kosmos 2009.
Schöning, Barbara: **Hundeprobleme erkennen und lösen**. Kosmos 2005.
Schöning, Dr. Barbara, Nadja Steffen und Kerstin Röhrs: **Hundesprache**. Kosmos 2004.
Schöning, Dr. Barbara: **Hundeverhalten**. Kosmos 2008.
Theby, Viviane: **Das Kosmos-Welpenbuch**. Kosmos 2004.
Winkler, Sabine: **Trainingsbuch Hundeerziehung**. Kosmos 2006.

Gesundheit
Becvar, Wolfgang Dr.: **Naturheilkunde für Hunde**. Kosmos 2003.
Biber, Vera Dr.: **Allergien beim Hund**. Kosmos 2010.
Biber, Vera Dr.: **Hilfe, mein Hund ist unerziehbar**. Hartmut Becker 2005.
Brehmer, Marion: **Bach-Blüten für die Hundeseele**. Kosmos 2010.
Rakow, Barbara: **Homöopathie für Hunde**. Kosmos 2006.

Zucht
Eichelberg, Helga Dr. (Hrsg.): **Hundezucht**. Kosmos 2006.
Sieber, Ilse: **Hundezucht naturgemäß**. Gollwitzer 2000.
Weidt, Heinz: **Der Hund mit dem wir leben**. Neumann-Neudamm 1996.

Belletristik
Post, Laurens van der: **Wenn Stern auf Stern aus der Milchstraße fällt**. Diogenes 2004.
Post, Laurens van der: **Durchs große Durstland müßt ihr ziehn**. Henssel-Verlag, Berlin.

Quellen

Cornegliani, L. et al.: Dermoid Sinus in a Golden Retriever. Journal of Small Animal Practice, Vol. 42, October 2001.
Hartock, John T. et al.: Dermoid Sinus in a Rhodesian Ridgeback. Veterinary Medicine-Small Animal Clinician, January 1979.
Hilbertz, N.H.C. Salmon: Inheritance of the dermoid sinus in the Rhodesian Ridgeback. Journal of Small Animal Practice, Vol 46, February 2005.
Hilbertz, N.H.C. Salmon: An autosomal dominant mutation causing the dorsal ridge predisposes for dermoid sinus in the Rhodesian Ridgeback", Accepted for publication by the Journal of Small Animal Practice.
Hofmeyer, C.F.B.: Dermoid Sinus in the Rhodesian Ridgeback. Journal of Small Animal Practice, Vol. 4, pp 5 to 8, 1963.
Mann, G.E.: Dermoid Sinus in the Rhodesian Ridgeback. Journal of Small Animal Practice, Vol. 7, pp 631 to 642, 1966.
Selcer, E. A.: Dermoid Sinus in a Shih Tzu and a Boxer. Journal of the American Hospital association, September 1983.

Nützliche Adressen

Verband für das Deutsche Hundewesen (VDH)
Westfalendamm 174
D – 44041 Dortmund
Tel.: 0231 56 50 00
Fax: 0231 59 24 40
Info@vdh.de
www.vdh.de

Österreichischer Kynologenverband (ÖKV)
Siegfried-Marcus-Str. 7
A – 2362 Biedermannsdorf
Tel.: 043 (0) 22 36 710 667
Fax: 043 (0) 22 36 710 667 30
office@oekv.at
www.oekv.at

Schweizerische Kynologische Gesellschaft (SKG)
Brunnmattstr. 24
CH – 3007 Bern
Tel.: 031 306 62 62
Fax: 031 306 62 60
info@skg.ch
www.skg.ch

Deutsche Züchtergemeinschaft Rhodesian
Ridgeback e.V. (DZRR)
Barbara Caiado
Schillerstr. 9
D – 97469 Gochsheim
Tel.: 09721 646 96 66
Fax: 09721 646 96 64
Geschaeftsstelle@DZRR.de
www.dzrr.de

Club zur Erhaltung der Laufhunde des Südlichen
Afrika e.V. (ELSA)
Monika Cramer-Haar
Sonnenhalde 46
D – 72138 Kirchentellinsfurt
Tel.: 07121 90 87 45
Fax: 07121 90 87 46
geschaeftsstelle@club-elsa.de
www.Club-Elsa.de

Rhodesian Ridgeback Club Deutschland e.V.
(RRCD)
Verena Schmidt
Fritz-Reuter-Str. 68
D – 44867 Bochum
Tel.: 02327 36 209
schriftfuehrer@rrcd.de

Rhodesian Ridgeback Club Österreich (RRCÖ)
Anton Fürst
Löhnergasse 10/1
A – 1120 Wien
Tel.: 0699 10 63 30 15
anton-fuerst@inode.at
www.rhodesian-ridgeback.at

Rhodesian Ridgeback Club Schweiz (RRCS)
Stefani Westphal-Vonesch
Häderlistr. 12
CH – 8964 Rudolfstetten
Tel.: 056 631 87 36
info@rhodesianridgeback.ch
www.rhodesianridgeback.ch

Ridgeback in Not
Birgit Linnerth
Kurzer Weg 1E
D – 23556 Lübeck
Tel.: 0451 498 8292
Fax: 0451 203 66 59
Blinnerth@ridgeback-in-not.de
www.ridgeback-in-not.de

Homepage der Autorin
www.of-dao-phu-quoc.de

Register

Abholung, Welpen 38
Agility 76
Ahnenverlustkoeffizient 127
Allein bleiben 42
Alphatier 56, 60
Alterserscheinungen 96
Analbeutelentzündung 89
Anforderungen an den Halter 31
Anschaffungskosten 37
Augenerkrankungen 90
Augenpflege 51
„Aus dem Skaaprevier" 5, 16
Ausbildung 63 ff.
Aussehen 21 ff.
Äußeres Erscheinungsbild 121
Ausstellung 109
Ausstellungs-ABC 113

Bakterielle Erkrankungen 82
Bakterien 81
Bandwurm 87
Barnes, Richard Francis 12
Basenji-Einfluss 7
Begrüßungsrituale 27
„Bei Fuß" 64
Beschäftigungsmöglichkeiten 72
Betteln 68
Bewegung 43
Bewegungsapparat 91
Bindehautentzündung 90
Borreliose 85
Breitensport 76
Brook-Risse, Rosy 14
Buren 8

Charakter 20 ff.
Checkliste für Züchter 142

Darmerkrankungen 88
Darmparasiten 86
Deckakt 133
Deckrüden 128, 131
Deckschwierigkeiten 134
Deckzeitpunkt 132
Demodexmilben 86
Dermoid Sinus 93
Dermoid Sinus, Vererbung 103
Durchführung der ZZP

Eingewöhnung 40
Ektoparasiten 84
Ektropium 90
Ellenbogendysplasie 92

Endoparasiten 86
Entropium 90
Entwicklungsstufen des Hundes 144
Entwurmung, Welpen 141
Epilepsie 90
Erkrankungen, Bakterielle 82
Ernährung 45 ff.
Erste Nacht 41
Erziehung 63 ff.

Fahrradfahren 74
Familienhund 28
Fellpflege 49
Flöhe 84
„Fuß" 64
Futtermenge 45
Fütterungsregeln 45
Futterunverträglichkeit 46

Gebrauchshund 13
Geburt 137
Geburtsende 138
Geburtsvorbereitung 136
Geduld 63

Geibler, Carl-Ludwig von 4, 14
Genetik 125
Genotyp 125
Gesundheit 79
Gesundheitscheck 79
Gewichtszunahme, Welpen 140
Gewohnheiten 26
Gleichgeschlechtliche Hunde 55
Großwildjagd 9
Gründung Ridgebackclub Deutschland 18

Hackbaugürtel 8
Hakenwurm 87
Hauterkrankungen 91
Hautprobleme 46
Hepatitis c.c. 81
Herz-Kreislauf-Erkrankungen 89
Heulen 7, 68
„Hier" 66
Hottentotten 8
Hüftgelenksdysplasie 91
Hundesport 76
Hündin 36

Danke

Ich möchte mich bei allen bedanken, die mich mit ihrem Fachwissen dabei unterstützt haben, mein Buch so zu verfassen, wie es jetzt vorliegt. Mein Dank geht an Hannelore Freiberg-Weber für das Kapitel über Ausstellungen, an Phyllis Poduschka-Aigner für die Informationen über die Geschichte und an Jörg Meil für den Teil „Vererbung von Ridge und Dermoid Sinus". Ein großer Dank gebührt Regine von Geibler, die mir für die „Deutsche Zuchtgeschichte" sehr persönliche Unterlagen zur Verfügung gestellt hat und allen lieben Freunden, die mich mit Fotomaterial unterstützt haben. Ganz besonders möchte ich mich hier bei Karin van Klaveren bedanken, die in ihren Fotos immer wieder den Charme dieser Hunde einfängt. Während ich dieses Buch geschrieben habe, waren meine Gedanken sehr oft bei den Hunden, die mich bisher in meinem Leben begleitet und mir in vielen Situationen meines Lebens Freude bereitet und Kraft gegeben haben. Vielen Dank dafür, dass sie mir geholfen haben, meine Sensibilität und mein Bewusstsein für den Umgang mit der Natur und deren Geschöpfen zu steigern.

Register

Impfschema 83
Infektionskrankheiten 80
Integration eines Hundes 58
Inzest-Verpaarung 126
Inzucht 127

Jagdhund 74
Jagdverhalten 70
Jodeln 7, 68
Johokwe-Zwinger 14

Kastration 95
Kaufrecht 35
Kennzeichnung von
 Welpen 35
Kinder 28
Konsequenz 63
Körpergröße 121
Körung 117
Krallenpflege 50
Krankheitsanzeichen 79

Läufigkeit 132
Leptospirose 82
Liegeplatz 63
Linienzucht 127
Lion Dog Club 12
Livingstone, David 8
Lob 68, 70

Magendrehung 88
Magenerkrankungen 88
Mehrhundehaltung 54
Mykosen 82

Nacht, Erste 41

Obedience 76
Ohrenerkrankungen 91
Ohrenpflege 50
Osteochondrose 92
Outcross-Verpaarung 127

Parvovirose 81
Peitschenwurm 87
Pflege 49
Pfotenpflege 50
Phänotyp 125
Phase, Vegetative 144
„Platz" 64
Poduschka, Phyllis & Walter 7
Prägungsphase 145
Progressive Retina Atrophie 90
Pronkrug 11
Pubertät 147

Rang 58
Rangordnungsphase 146
Reitbegleithund 73
Rettungshund 74
Ridge 11, 102
Ridge, Vererbung 103
Ridgeback-Typen 20
Rooyen, Cornelius van 11
Rückenfellschabracke 9
Rüde 36
Rudelordnungsphase 147
Rudelstrukturen 56
Rudeltier Hund 52

Schusstest 119
Schutzimpfungen 80, 83
Sechster Sinn 25
„Sitz" 64
Sozialisierungsphase 145
Spaziergang 43
Spulwurm 86
Standard 12, 98
Staupe 82
„Steh" 66
Stubenreinheit 41
Südafrika 9

Tadel 68
Tollwut 82
Trächtigkeit 136
Trainingstipps 67

Übergangsphase 144
Ursprung 7

Vegetative Phase 144
Verpaarung 126
Viren 81
Viruserkrankungen 81
Vorfahren 9

Welpenauslauf 130
Welpenbogen 139
Welpenkauf 32 ff.
Welpenkäufer 31
Welpenkontrolle 140
Welpenschutz 146
Wesen 20 ff.
Wesensbeurteilung 120
Wiederholungen 63
Wildtiere, Gewöhnung 72
Wurfkiste 129
Würmer 86

Zahnkontrolle 122
Zahnpflege 51
Zecken 84
Zeitgeschichte 8
Zucht 98
Zucht im VDH 18
Zuchtauswahl 125
Zuchtbasis 126
Züchterauswahl 32
Zuchtgeschichte,
 Deutschland 14
Zuchtplanung 115
Zuchtstätte 129
Zuchtzulassungsprüfung 117
Zweithund 54

Bildnachweis

Fotos von Stefan Becker (1: S. 73 o), K. Förster (2: S. 115), Hannelore Freiberg-Weber (2: S. 76 o, 76 u), Carl-Ludwig von Geibler (2: 14 u, 17), Mike Marcinowski (23: S. 5, 21, 33, 49, 56, 57, 65, 67 u, 70, 71, 76 m, 77, 88, 89, 103, 124), Petra Stracke (49: S. 4, 7, 14 o, 16, 20, 25 re., 41, 43, 46, 48, 52, 53, 54, 55, 60, 62, 64, 68, 69 u, 73 m, 73 u, 80, 100 1/3/5/6, 101 7/9/12, 111 o, 128, 129, 133, 136, 139, 141, 143, 144, 146, 148, 153) und Sam Vallace (1: 100/2).
Alle weiteren 88 Farbfotos wurden von Karin van Klaveren aufgenommen (www.Rhodesian-Ridgeback-Foto.de). Schwarzweiß-Zeichnungen von Reiner Benz (1: S. 91), Schwanke & Raasch (2: S. 84, 86). S. 9: Arsenis, Mylda L.: Ridged Dogs in Africa.
S. 10, 12, 13: Costa, Linda: Rhodesian Ridgeback Pioneers.
S. 100/4, 101/11: Murray, J.N.: The Rhodesian Ridgeback 1942-74.
S. 101 8/10, 102: Coppens, Jan: De Rhodesian Ridgeback in Nederland 1945-1991.

> Alle Angaben in diesem Buch erfolgen nach bestem Wissen und Gewissen. Sorgfalt bei der Umsetzung ist indes dennoch geboten. Der Verlag und die Autorin übernehmen keinerlei Haftung für Personen-, Sach- oder Vermögensschäden, die aus der Anwendung der vorgestellten Materialien und Methoden entstehen könnten.

Unser gesamtes lieferbares Programm und viele weitere Informationen zu unseren Büchern, Spielen, Experimentierkästen, DVDs, Autoren und Aktivitäten finden Sie unter **www.kosmos.de**

Impressum

Umschlag von eStudio Calamar unter Verwendung von zwei Farbfotos von Karin van Klaveren.

Mit 167 Farbfotos, 10 Schwarzweißfotos und 4 Schwarzweißzeichnungen.

Gedruckt auf chlorfrei gebleichtem Papier

Zweite aktualisierte Auflage
© 2010, Franckh-Kosmos Verlags-GmbH & Co. KG., Stuttgart
Alle Rechte vorbehalten
ISBN 978-3-440-12210-5
Redaktion: Hilke Heinemann
Gestaltungskonzept: eStudio Calamar
Produktion: Eva Schmidt
Printed in Germany / Imprimé en Allemagne

KOSMOS.
Hunde erfolgreich erziehen.

Das Standardwerk

Mit diesem Buch kann jeder Hund zu einem fröhlichen und gehorsamen Gefährten erzogen werden. Die Basis ist eine Vielzahl von sanften Methoden, die individuell an jedes Mensch-Hund-Team angepasst werden können.

„Ein Hundeschulkurs in Buchform! Selten ist dies so gut gelungen wie durch diesen Titel. Bewertung: Hervorragend."
                                   Der Hund

Hoefs/Führmann
Das Kosmos Erziehungsprogramm für Hunde
256 S., 400 Abb., €/D 26,90
ISBN 978-3-440-10638-9

Die DVD zum Buch

Schritt für Schritt zeigen die Expertinnen im Film, wie Hunde mit Lob und Freude gut erzogen und mögliche Probleme gelöst werden.

Hoefs/Führmann
Das Kosmos Erziehungsprogramm für Hunde
DVD ca. 45 Min., €/D 34,90*
ISBN 978-3-440-10816-1
*unverbindl. Preisempfehlung

www.kosmos.de/hunde

Preisänderung vorbehalten